KJB

Flávia Lins e Silva wurde in Rio de Janeiro geboren und reiste und schrieb schon immer gern. Vor ihrem Journalistikstudium verbrachte sie ein Jahr als Au-pair-Mädchen in Europa und erzählte in verschiedenen Ländern Geschichten. Inzwischen hat sie über zehn Bücher veröffentlicht. Mit Pina konnte sie ihren Traum wahrmachen, schreibend zu reisen und reisend zu schreiben.

Joana Penna wurde in Rio de Janeiro geboren und fühlt sich in der ganzen Welt zu Hause. Sie studierte in Barcelona Design und Illustration. Auf einer griechischen Insel lernte sie ihren englischen Ehemann kennen, und gemeinsam reisten sie von Insel zu Insel um die Welt: Sie lebten in England, in Sri Lanka und inzwischen in New York. Joana reist für ihr Leben gern und führt immer ein Reisetagebuch. Inzwischen hat sie schon viele Bücher illustriert.

Bei Fischer ist von Flávia Lins e Silva und Joana Penna auch ›Pina reist zum Amazonas‹ erschienen.

Weitere Informationen zum Kinder- und Jugendbuchprogramm der S. Fischer Verlage, auch zu E-Book-Ausgaben, gibt es bei *www.fischerverlage.de*

Flávia Lins e Silva

Pina
reist nach Griechenland

Aus dem brasilianischen Portugiesisch
von Claudia Stein

Mit farbigen Bildern
von Joana Penna

KJB

Obra publicada com o apoio do Ministério da Cultura do Brasil/ Fundação Biblioteca Nacional.

Das Werk wurde mit Unterstützung des Kulturministeriums von Brasilien / Fundação Biblioteca Nacional veröffentlicht.

MINISTÉRIO DA CULTURA
Fundação BIBLIOTECA NACIONAL

MIX
Papier aus verantwortungsvollen Quellen
FSC
www.fsc.org
FSC® C006701

Erschienen bei FISCHER KJB

Die brasilianische Originalausgabe erschien 2010
unter dem Titel ›Diário de Pilar na Grécia‹
bei Jorge Zahar Editor Ltd., Rio de Janeiro

Details der Abbildungen auf den Seiten 45, 61, 66, 78, 102, 170 und 176 mit freundlicher Genehmigung von Alpha Stamps.
www.alphastamps.com
By arrangement with Literarische Agentur Mertin
Inh. Nicole Witt e. K., Frankfurt am Main,
Germany and Agência Riff, Rio de Janeiro, RJ, Brazil

Für die deutschsprachige Ausgabe

Umschlaggestaltung: bilekjaeger, Stuttgart
Umschlagillustration: Joana Penna
Satz: Pinkuin Satz und Datentechnik, Berlin
Druck und Bindung: CPI books GmbH, Leck
Printed in Germany
ISBN 978-3-596-85598-8

Inhalt

DIÁRIO DE
PILAR
NA GRÉCIA

Dinge, die ich immer in meinem Köfferchen habe:

Taschensonnenuhr und Kompass (ein Geschenk von Opa Pedro)

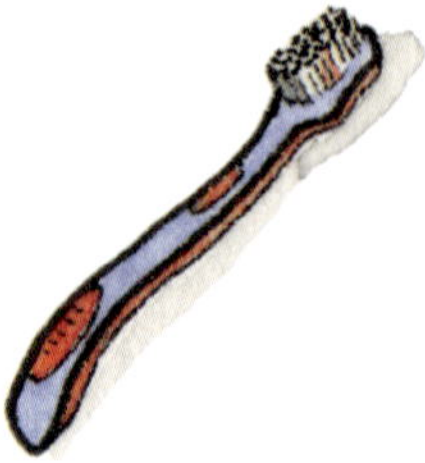

Zahnbürste

Haarklammer (damit kann man 1001 Dinge machen)

Halskette mit Miniglobus, damit ich mich auf der Welt zurechtfinde

Mein Tagebuch: absolut unentbehrlich!

Pina

Selbstporträt mit Erläuterungen

Bruno:
Wohnt im selben Haus.
Mein bester Freund.
Ausgezeichneter
Erfinder.
Hat's immer eilig …

Das einzige Foto
von meinem Vater,
das ich habe …

Opa Pedro

Trojanisches Pferd
Geschenk der Griechen!

Odysseus

Kämpfte im Trojanischen Krieg. König von Ithaka, Gemahl von Penelope, Vater des Telemachos. Wurde am Schiffsmast festgebunden, damit er dem Gesang der Sirenen widerstehen konnte. Wurde von Circe verzaubert, als er auf dem Weg nach Hause war. Brauchte zwanzig Jahre für die Heimkehr. Ob mein Vater wohl auch so lange brauchen wird, bis er zurückkommt?

Geheimnisse aus meinem Labyrinth

Ich wohne in einem Labyrinth aus überquellenden Regalen. Überall sind Bücher: im Wohnzimmer, in der Küche, in den Schlafzimmern und sogar im Badezimmer! Ich bin mit Geschichten über geflügelte Pferde, hundertäugige Monster, dreiköpfige Hunde und Amors Pfeile aufgewachsen. Diese Geschichten habe ich so oft gehört, dass es mir manchmal vorkommt, als gehörten die Helden zu unserer Familie. Vielleicht ist ja *Alice im Wunderland* eine Großtante meiner Mutter, oder *Peter Pan* ein entfernter Cousin meines Vaters.

Ich war noch ein kleines Baby, als mein Vater mit dem Schiff in die Welt hinausfuhr, vor beinahe zehn Jahren. Niemand weiß genau, was passiert ist, doch bis heute kam er nicht zurück. Mein Opa meint, er könnte verhext worden sein wie Odysseus, als dieser nach dem berüchtigten Trojanischen Krieg auf der Heimreise war. Manchmal

werde ich abends ganz traurig, wenn ich an meinen Vater denke, und wünsche mir, dass ein Brief, eine E-Mail oder ein Anruf von ihm kommt. Mein Opa lädt mich in solchen Momenten zu sich in die Hängematte ein und erzählt mir eine seiner vielen Geschichten aus Griechenland, China, Indien oder Ägypten – er kennt sooo viele Geschichten!

Zwischen zwei Büchern reden wir über alles Mögliche: was in der Schule los ist, in den Schwimmstunden, im Chinesischkurs, in unserem Haus, wo Bruno und ich alle möglichen Ermittlungen anstellen. Meine größten Geheimnisse kennt nur mein Opa. Bald fährt er nach Griechenland, und ich weiß jetzt schon, dass ich ihn wahnsinnig vermissen werde. Damit die Zeit schnell vorbeigeht, werde ich einige Ermittlungen mit Bruno durchführen. Er wohnt, seit ich denken kann, in der Wohnung nebenan, und wir erfinden wahnsinnig gern Dinge, die es noch nicht gibt. Ich glaube, Erfinden ist mein Lieblingssport!

Am liebsten wäre ich mit meinem Opa nach Griechenland geflogen, aber die Flüge sind sehr teuer, und ich bin leider zu groß, um mich heimlich im Koffer zu verstecken. Ich habe sogar versucht, mich hineinzuquetschen, und Bruno sollte zumachen. Aber feinfühlig, wie er ist, hätte er mir dabei fast die Beine

Meine liebsten Dinge

Lieblingssport: Geschichten ausdenken
Liebster Freund: Bruno
Lieblingsopa: Opa Pedro
Lieblingstier: alle außer Schlangen und Eidechsen
Lieblingssammlung: Vogelstimmenpfeifen
Liebstes Hobby: in der Hängematte liegen und Tagebuch schreiben
Lieblingsbuch: Die Odyssee von Homer
Lieblingstick: alles in der Brusttasche meines Kleides aufbewahren
Lieblingstraum: zusammen mit meinem Vater auf einem Schiff um die Welt reisen
Lieblingsschuhe: keine (am liebsten laufe ich barfuß)
Liebster Wunsch: Chinesisch lernen
Lieblingsessen: Maniokpfannkuchen mit Käse
Lieblingsgetränk: Sahne-Milkshake
Liebster geheimer Wunsch: Kann ich nicht verraten

gebrochen. Ich schrie so laut, dass meine Mutter gerannt kam, um zu sehen, was wir anstellten. Am Ende wurde ich furchtbar ausgeschimpft und durfte nicht mit zum Flughafen fahren. Ich musste mich vor der Haustür von meinem Opa verabschieden.

»Du wirst mir fehlen, Opa! Komm bald wieder, versprochen?«

»Versprochen! In einer Woche bin ich wieder da!«

»Nicht einen Tag länger, ja? Schwör es und küss deine Finger!«

Mein Opa findet es immer komisch, wenn ich ihn darum bitte, doch am Ende machte er immer den kompletten Schwur.

»Gut. Geschworen, geküsst, versprochen. Und ich bringe dir ein ganz besonderes Geschenk mit!«

»Lass mich raten: Die Hörner des Minotauros.«

»Etwas viel Besseres! Ich bringe dir etwas Ambrosia der Götter mit, eine köstliche Süßspeise, die ewiges Leben verleiht!«

»Ewiges Leben? Dann bring bloß genug davon mit! Für dich, Mama, Bruno und mich, hörst du?«

Hier endete unsere Unterhaltung, weil meine Mutter im Auto saß und hupte, damit mein Opa endlich einstieg. Ich ging zurück ins Haus, rief Bruno an, und wir verabredeten uns für unsere nächste Ermittlung:

Wir wollten einen Wasserschacht im Keller unseres Hauses untersuchen, der fürchterlich stank. Ich freute mich schon richtig darauf, doch unsere Ermittlungen gehen nicht immer gut aus. Heute zum Beispiel klappte nichts. Weil ich die Leichtere von uns beiden bin, sollte ich mit einem von Bruno ersonnenen Aufzug in den Schacht hinabfahren. Bruno erfindet ständig verrückte Dinge, und ich bin fast immer sein Versuchskaninchen. Der Aufzug sah aus wie eine Schaukel: Er bestand aus Pappe, Schnüren und einigen Krawatten …

Bruno schwor mir, dass das Ding nicht herunterfallen würde. Er versprach, mich mit aller Kraft zu halten, doch irgendwann zerriss natürlich die Pappe, und ich fiel in den Wasserschacht. Am Ende hatte ich eine fürchterliche Schramme am rechten Knie. Und als ich Bruno bat, mich wieder hochzuziehen, hörte er mich nicht einmal: Ein paar ältere Jungs aus dem Haus hatten meinen Freund nämlich mitten in unseren Ermittlungen zum Fußballspielen eingeladen.

»Bruno? Bruno?!«, rief ich ein paarmal. Keine Antwort.

Er war einfach gegangen, ohne sich abzumelden! Unglaublich! Ehrlich: Ich war so sauer, dass ich nie wieder sein Gesicht sehen wollte! Wie ich es hasse, wenn sich jemand aus dem Staub macht, ohne Bescheid zu sagen! Also wirklich!

Noch während ich überlegte, wie ich wieder aus diesem tiefen dunklen Loch herauskommen sollte, streifte plötzlich ein pelziges Ding mein Bein. Ich schrie fürchterlich! Was, wenn es eine Ratte oder so etwas war? Zum Glück hatte ich eine Taschenlampe in der Supertasche meines Kleides. Ich machte sie schnell an und sah ein kleines Kätzchen, ganz weiß und mit ängstlichen Augen. Wie war es bloß hier hineingefallen?

»Komm, mein Kätzchen. Komm zu mir, hab keine Angst.«

Ich nahm das Kätzchen auf den Arm und streichelte es, dann setzte ich es in meine Brusttasche. Jetzt fühlte ich mich schon nicht mehr so allein in diesem dunklen Loch, aber ich musste mir immer noch etwas einfallen lassen, um wieder herauszukommen. Wenigstens etwas Gutes hatte Bruno getan, bevor er verschwand: Er hatte das Seil oben an einem Rohr angebunden, und so konnte ich mich daran festhalten und an der Wand des Schachts hochklettern.

»Alles in Ordnung, mein Kätzchen, du kannst dich auf mich verlassen. Und von jetzt an kümmere ich mich um dich, versprochen!«

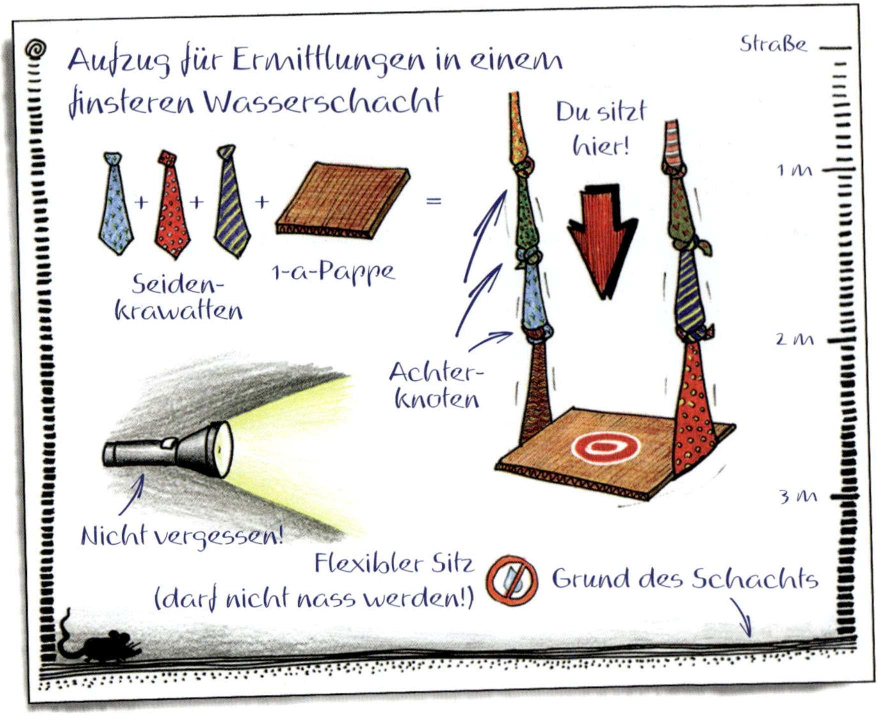

Ich nahm das Kätzchen und kraulte noch einmal sein Fell. Es miaute ganz kläglich und ich beschloss, es mit nach Hause zu nehmen. Dort rannte ich ganz schnell in mein Zimmer, damit uns niemand sah. Von jetzt an wäre das Kätzchen, das genauer gesagt ein Kater war, mein bester Freund. Ich war nicht nur erschöpft, sondern auch sehr enttäuscht von Bruno. Damit ich nicht mehr an ihn denken musste, schlüpfte ich ganz schnell unter meine Bettdecke und schlief mit meinem kleinen Kater im Arm ein. Jetzt fehlte nur noch ein guter Name für ihn. Das heißt, es fehlte noch ein weiteres wichtiges Detail: Die richtigen Argumente, um meine Mutter davon zu überzeugen, dass ich eine Katze in unserer Wohnung halten durfte …

Mir einen Namen für
meinen Kater überlegen

Nicht mehr mit
Bruno reden!

Ein Platz zum Weinen

Am nächsten Morgen, als meine Mutter ins Zimmer kam und das Kätzchen in meinem Bett liegen sah, wurde ich von einem Schrei geweckt: »Pina! Wo kommt diese Katze her? Sie hat bestimmt Krankheiten, Flöhe und Wanzen! Du weißt, dass ich keine Tiere in der Wohnung mag. Schaff dieses Tier weg! Heute noch! Hörst du?!«

Ich nickte, aber es war natürlich völlig ausgeschlossen, dass ich mein Kätzchen wieder in dieses schreckliche Loch werfen würde. Es hatte mir schon ein Autogramm in mein Tagebuch gegeben!

Jetzt war das Kätzchen schon ein Teil meines Lebens. Ich musste nur noch meine Mutter dazu bringen, dass sie es erlaubte. Aber ich wusste noch nicht, wie.

»Steh auf und mach dich fertig, Pina. Brunos Mutter wird euch zur Schule fahren.«

»Ich will Bruno nie wiedersehen, Mama.«

»Hör auf mit dem Quatsch. Er ist dein bester

Freund. Jetzt mach schon: Iss deinen Joghurt und zieh dir die Schuluniform an.«

Ich tauschte mein Bett gegen die Hängematte im Wohnzimmer, löffelte meinen Joghurt und dachte daran, was gestern passiert war. Das ist so ein Tick von mir: Wenn ich sauer bin, dauert es lange, bis ich etwas vergesse … Als ich da lag und wieder und wieder überlegte, was ich meinem ehemaligen Freund Bruno irgendwann sagen würde, klingelte das Telefon, und meine Mutter ging schnell ran:

»Brasilianische Botschaft in Athen? Ja, das bin ich. Pedro ist mein Vater, richtig. Aber … das kann nicht sein! Das ist unmöglich …«

Ich lag in meiner Hängematte und sah meine Mutter weinend zusammenbrechen. Noch nie hatte ich sie so weinen sehen. Sie versuchte mit mir zu sprechen, aber die Worte kamen nicht richtig heraus, und ich verstand überhaupt nicht, was los war.

»Dein Opa, Pina … Er kommt nicht mehr zurück …«

Mein Opa war gerade erst nach Griechenland gereist, um einen Vortrag zu halten, und jetzt riefen sie an und sagten, er käme nicht mehr zurück? Was hatte das zu bedeuten? Er hatte versprochen, dass er in einer Woche wieder da wäre. Er hatte es sogar geschworen und seine Finger geküsst! Und außerdem hatte er versprochen, mir Ambrosia von den Göttern mitzubringen, und mein Opa ist keiner, der fadenscheinige Versprechungen macht. Er hält immer, was er verspricht. Wenn er sagt, er kommt wieder, dann kommt er auch. Da bin ich ganz sicher!

»Natürlich kommt Opa wieder!«, sagte ich zu meinem Kätzchen.

Aber ganz tief drinnen hatte ich Angst, dass er im fernen Griechenland verhext worden war und nicht mehr nach Hause kommen konnte, so wie Odysseus, und mein Vater … Schon bei dem Gedanken bekam ich schreckliche Sehnsucht und musste weinen.

In solchen Momenten laufe ich immer zum Schrank meines Opas, um mich darin zu verstecken. Ich krieche jedes Mal dort hinein, wenn ich Sehnsucht nach meinem Vater habe, und weine ein bisschen, ohne dass meine Mutter es sehen kann und sich Sorgen macht. Jetzt, wo ich nicht wusste, was mit meinem Opa los war, wollte ich auch bloß ein bisschen weinen, doch ich musste so sehr schluchzen, dass mein Kater davonlief, weil er dachte, ich wäre ein Springbrunnen. Ich ertrage es einfach nicht, wenn jemand ohne Erklärung aus meinem Leben verschwindet.

Mein Opa musste zurückkommen! Aber ob er es schaffen würde?

Mein Opa Pedro

Er liebt Bücher.
Ständig trägt er welche in seinen Hosentaschen mit sich herum.
Wenn er etwas verspricht, dann hält er es auch.
Er hinkt mit einem Bein.
Ich kenne keinen besseren Geschichtenerzähler.
Er muss ganz schnell zurück nach Hause kommen.
Ich sterbe jetzt schon vor Sehnsucht!

Die magische Hängematte

Nachdem ich mich ausgeweint hatte, streckte ich meine Beine aus und berührte aus Versehen etwas Weiches aus Papier. Neugierig öffnete ich die Schranktür, damit ich es besser sehen konnte: Es war ein Paket, auf dem mein Name stand: Pina. Ich machte es ganz schnell auf, und darin lag eine goldene Hängematte, und obendrauf ein Brief für mich:

Opa Pedro hat immer
Überraschungen für mich!

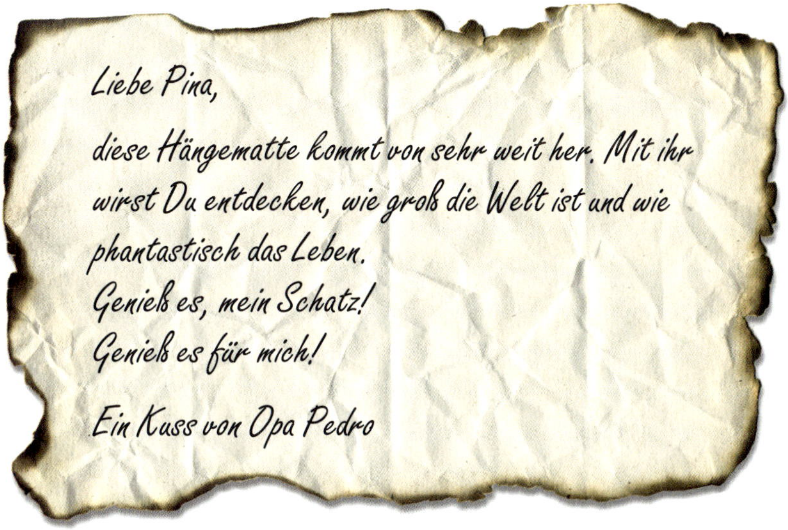

Liebe Pina,

diese Hängematte kommt von sehr weit her. Mit ihr wirst Du entdecken, wie groß die Welt ist und wie phantastisch das Leben.
Genieß es, mein Schatz!
Genieß es für mich!

Ein Kuss von Opa Pedro

Ich las den Brief wieder und wieder, und klebte ihn dann in mein Tagebuch. Ich hörte die Klingel, und meine Mutter schien im Wohnzimmer mit Bruno zu sprechen. Aber weil ich immer noch sehr wütend auf ihn war, rannte ich in mein Zimmer, machte die Tür zu und beschloss, die goldene Hängematte auszuprobieren.

Mein Zimmer sieht ungefähr so aus: Auf der einen Seite stehen Schränke, auf der anderen ist ein Fenster und daneben das Bett. Außerdem habe ich einen Schreibtisch und ein kleines Bücherregal.

Damit ich die Hängematte aufhängen konnte, musste ich erst einmal den Tisch wegschieben. Dann nahm ich zwei stabile Gürtel und hängte das eine Ende der Hängematte am Fenster auf, das andere an der Schranktür. Schließlich setzte ich den kleinen Kater in die Hängematte, um zu sehen, ob sie hielt … Alles in Ordnung! Ich nahm ein paar Bücher und legte mich neben den Kater, bereit, stundenlang ganz still dazuliegen.

»Soll ich dir eine Geschichte erzählen, Katerchen? Mein Opa hat mir eine erzählt über ein Pferd mit Flügeln, das es im fernen Griechenland gibt und … ups!«

In diesem Moment begann die Hängematte sich zu drehen, immer schneller, bis ich nicht mehr wusste,

Mein Zimmer

wo oben und unten war. Ich schrie ganz laut. Der Kater miaute, und uns war ganz schwindelig. Mit einem Mal wurde es stockfinster.

Als die Hängematte endlich aufhörte zu schaukeln, sprang ich mit meinem Kater heraus. Merkwürdig: Wir waren nicht mehr in meinem Zimmer! Ich lief zum Fenster und war mir ganz sicher: Das war nicht unser Haus, sondern ein unbekanntes Gebäude, an einem fremden Ort, den ich nie zuvor gesehen hatte. Ich überlegte noch, was ich tun sollte, als mein Kater zur Tür hinausspazierte und ich ihm vorsichtshalber hinterherlief …

»Hey, Kater, komm zurück!«

Auf der anderen Seite

Als ich nach draußen kam, sah ich das blaueste Meer der ganzen Welt. Wir befanden uns an einem Strand, der nicht aus Sand war, sondern aus Steinen. Während ich verzückt die Landschaft betrachtete, machte sich mein Kater daran, das Boot eines Fischers zu durchstöbern, der gerade vom Meer zurückgekommen war. Ganz in der Nähe stand ein Mädchen und warf zum Spaß Steine ins Wasser. Sie schaffte es, dass die Steine mehrmals auf der Wasseroberfläche aufschlugen, bevor sie untergingen. Ich stellte mich neben sie und probierte es auch aus. Mein erster Stein ging sofort unter. Der zweite genauso. Als das Mädchen merkte, wie verärgert ich war, zeigte sie mir, wie es funktionierte.

»Es gibt einen Trick, wie man die Steine wirft. Hat dein Vater dir das nie beigebracht?«

»Nein … Mein Vater ist nicht …«

»Halt den Stein so und wirf ihn ganz flach ins Wasser.«

Stein aus Griechenland

Helena mit einem Ölzweig

Nachdem sie es mir gezeigt hatte, warf ich noch einen Stein und … er schlug einmal auf, dann ein zweites Mal, und erst beim dritten Mal ging er unter. Ich platzte beinahe vor Stolz! Das Mädchen lächelte mich an.

»Das hast du wirklich schnell gelernt! Wie heißt du?«

»Pina. Und du?«

»Helena. Schau mal, das Kätzchen, wie süß …«

Sie zeigte auf meinen Kater, und ich lächelte voller Stolz.

»Es ist ein Kater, und er gehört mir!«

»Wirklich? Wie heißt er denn?«

»Ich weiß noch nicht genau, aber ich dachte …«

»Bist du wirklich sicher, dass es deiner ist?«

»Natürlich. Er ist mit mir hierhergekommen.«

»Dann braucht er ganz dringend einen Namen. Wie wär's mit Herkules?«

»Nein … Ich dachte eher an …«

»Herkules ist ein starker Name!«

»Aber ich finde, er sieht eher aus wie Samba.«

»Samba? Bist du sicher? Mir gefällt Herkules besser.«

»Ich probier's mal aus. Komm her, Samba. Miiiezmiezmiez.«

Mein Kater schien der Name zu gefallen, er kam nämlich sofort zu mir, miaute und schmiegte seine Ohren an meine Hand. Ich streichelte Samba und setzte ihn dann auf Helenas Schoß.

»Willst du ihn mal halten?«

Man konnte ihm unmöglich widerstehen. Samba war wirklich reizend, ganz weiß mit schokoladenbraunen Pfoten. Außerdem hatte ich gerade entdeckt, dass er unglaublich verfressen war. Er brauchte bloß zu sehen, wie der Fischer ein paar Fische aus dem Netz holte, und schon war er von Helenas Schoß heruntergesprungen und wieder zum Boot gerannt.

Mein Kater

Name: Samba

Fell: weiß mit schokoladenbraunen Pfoten

Tick: gekrault werden

Angst: vor Wasser

Zeitvertreib: seine Schnäuzchen in Dinge stecken, die ihn nichts angehen

Lieblingsspeise: Fisch

Ich glaube, er ist der größte Vielfraß aller Zeiten!

Altgriechisches Alphabet

Αα	[Alpha]	a	Νν	[Ny]	n
Ββ	[Beta]	b	Ξξ	[Xi]	x
Γγ	[Gamma]	g	Οο	[Omikron]	o
Δδ	[Delta]	d	Ππ	[Pi]	p
Εε	[Epsilon]	e	Ρρ	[Rho]	r
Ζζ	[Zeta]	z	Σσ	[Sigma]	s
Ηη	[Eta]	e, h	Ττ	[Tau]	t
Θθ	[Theta]	t	Υυ	[Ypsilon]	u, y
Ιι	[Iota]	i	Φφ	[Phi]	f
Κκ	[Kappa]	k	Χχ	[Chi]	ch
Λλ	[Lambda]	l	Ψψ	[Psi]	ps
Μμ	[My]	m	Ωω	[Omega]	au

ΠΙΝΑ	Πινα	Pina
ΒΡΥΝΟ	Βρυνο	Bruno
ΗΕΛΕΝΑ	Ηελενα	Helena
ΤΙΡΕΣΙΑΣ	Τιρεσιασ	Tiresias
ΣΑΜΒΑ	Σαμβα	Samba
ΠΕΔΡΟ	Πεδρο	Pedro

Auf See

Der Besitzer des Netzes war ein sehr netter Fischer, der sich kein bisschen aufregte, als Samba zu ihm kam. Ganz im Gegenteil, er gab ihm sogar einen Fisch. Helena kannte den Fischer schon und stellte uns vor:

»Das ist Tiresias, Pina. Er ist wie ein Großvater für mich …«

»Oh, es wäre toll, wenn ihr meinen Opa Pedro kennenlernen könntet, aber er ist gerade in Griechenland und …«

»Er ist hier?«, fragte mich Tiresias.

»Griechenland? Ist hier etwa Griechenland?«

Und so erfuhr ich, wo ich war. Was für ein Glück! Ich konnte es kaum fassen!

Ich wollte gerade alle möglichen Fragen über Griechenland stellen, als plötzlich draußen auf dem Meer jemand schrie: »Hilfe! Hilfe!«

Die Stimme hörte sich nach einem älteren Mann an, aber man konnte nicht sehen, wer es war. Erschrocken dachte ich: »Und wenn das nun mein Opa

Dinge, die mein Opa über Griechenland erzählt hat

Hauptstadt: Athen
Bevölkerung: zirka 12 Millionen Einwohner
Berühmtester Philosoph: Sokrates
Berühmtester Dichter: Homer
Besonderheit: Griechenland besteht aus über dreitausend Inseln!!! Doch nur 87 davon sind bewohnt!

ist?!« Ich zauderte nicht lange: Schnell nahm ich ein Holzbrett, das auf den Steinen herumlag, und stürzte mich mit meinen Kleidern ins Wasser! Als ich näher kam, sah ich, dass der Ertrinkende ganz anders aussah als mein Opa. Die Wellen kamen in kurzen Abständen, und der Mann blieb jedes Mal länger unter Wasser. Ich musste ihn so schnell wie möglich da herausholen, doch ich hatte nicht die Kraft, ihn mitzuziehen. Glücklicherweise kam Tiresias mit seinem Boot angerudert, mit Helena und Samba an Bord. Sie zogen den Ertrinkenden aus dem Wasser, und wir kehrten zum Strand zurück. Als wir ihn aus dem Boot holten, gab er keinen Mucks von sich und rührte sich nicht. Er lag ganz leblos da! Helena und ich schauten uns erschrocken an.

»Ob er tot ist?«

»Atmet er noch?«

Tiresias drückte dem Mann auf den Bauch, und dieser spuckte sogleich alles Mögliche aus: Muschelschalen, Fische und Wasser, sehr viel Wasser. Schließlich hustete er und begann wieder normal zu atmen.

»Er lebt! Zeus sei Dank!«, jubelte Helena.

»Ja, und das hat er allein uns zu verdanken!«, sagte ich.

Tiresias lächelte mich an, doch Helena war immer noch nervös und schaute den beinahe Ertrunkenen fragend an:

»Kennst du diesen Mann, Pina?«

»Nein, ich habe ihn noch nie in meinem Leben gesehen.«

»Und da musstest du dich einfach so ins Meer stürzen, mit Kleidern und allem? Was für ein Wahnsinn!«

»Ich konnte nicht warten. Er brauchte Hilfe, und obendrein hätte es mein Opa sein können.«

»Du warst sehr mutig«, meinte Tiresias.

»Ich wohne in der Nähe des Strandes, deshalb habe ich keine Angst vor dem Meer. Und außerdem wohnt mein Vater auf einem Schiff, wisst ihr?«, sagte ich mit stolzgeschwellter Brust.

»Tatsächlich? Wo ist denn das Schiff deines Vaters?«, fragte Helena.

Ich gestehe, dass ich ins Stottern kam und nicht wusste, was ich antworten sollte: »Ehrlich gesagt, ich weiß es nicht … Aber ich hoffe, dass ich es eines Tages herausfinden werde.«

»Und was ist mit deinem Opa passiert?«, wollte Tiresias wissen.

»Er ist nach Griechenland geflogen und kann nicht zurück nach Hause«, erklärte ich auf meine Art.

Zum ersten Mal erzählte ich jemandem, was mit meinem Opa Pedro passiert war, und ich musste beinahe anfangen zu weinen, aber ich riss mich ganz doll zusammen. Helena wollte mehr über meinen Opa wissen, und ich hatte das Gefühl, dass sie und Tiresias mir helfen wollten.

»Wie sieht dein Opa denn aus? So ähnlich wie Tiresias?«, fragte Helena.

»Er hat auch einen Bart, bloß ein bisschen kürzer. Und er hinkt ein wenig und hat immer ein Buch in der Hosentasche …«

Ich erzählte gerade alles, was ich über meinen Opa Pedro wusste, als ein dicklicher Mann mit einer goldenen Krone auf dem Kopf unser Gespräch unterbrach und befahl: »Aus dem Weg! Lasst mich diesen Mann sehen!«

Ich hatte noch nie einen echten König gesehen, doch wenn einem einer über den Weg läuft, merkt man es.

Ein hochnäsiger König

Im Allgemeinen bitten Könige nicht um etwas, sie befehlen. Sie sehen aus, als würden sie mit ausgestopftem Bauch herumlaufen, die Nase zum Mond gereckt. Und dieser König kam in Begleitung mehrerer Untertanen, ging an uns vorbei, ohne auch nur Guten Tag zu sagen. Während er zu dem beinahe Ertrunkenen lief, rief er ganz laut: »Meine Lupe, schnell!«

Gleich darauf streckte er seine Hand aus, und man gab ihm eine goldene Lupe. Damit untersuchte der König jeden Fleck und jede Falte im Gesicht des beinahe Ertrunkenen, der jetzt endlich seine Augen aufschlug.

»Hmmm, das kann nur er sein. Er sieht ihm ähnlich, sehr ähnlich!«

»Wovon redet er? Was ist das für ein König, Tiresias?«, fragte ich leise.

»Das ist der berühmte König Midas.«

»Sieht aus, als würde er gern Befehle erteilen!«, meinte ich.

»Und noch lieber scheffelt er Geld«, antwortete Tiresias.

Ich hatte König Midas gerade erst kennengelernt, und es war offensichtlich, dass er Verben nur in der Befehlsform verwendete und seine Befehle unterschiedslos an Bekannte und Unbekannte erteilte. Er fragte nicht um Erlaubnis, sondern befahl uns einfach, aus dem Weg zu gehen. Dann rollte er ein Pergament mit einer farbigen Zeichnung auf und verglich diese mit dem beinahe Ertrunkenen.

»Ich wusste es: Er ist es! Es ist Silen, der Vater von Dionysos. Bringt den Alten in meinen Palast, schnell!«

Der König klatschte in die Hände, und zwei Diener hoben Silen hoch und trugen ihn weg vom Strand in Richtung Palast. Weil ich mit Bruno schon öfter Ermittlungen angestellt hatte, war ich es gewohnt, auf Spuren und verdächtige Einzelheiten zu achten. Deshalb war es nicht weiter schwierig, den Schluss zu ziehen, dass irgendetwas am Verhalten dieses sogenannten Königs Midas ziemlich merkwürdig war.

»Warum hat Midas befohlen, den beinahe Ertrunkenen in seinen Palast zu bringen?«

»Keine Ahnung, Pina. Vielleicht kennt er ja diesen Silen«, mutmaßte Helena.

»Wenn er ihn kennen würde, müsste er sein Gesicht nicht mit einer Lupe anschauen, die so groß ist wie ein Tennisschläger.«

»Gut beobachtet, Pina. Ich glaube, dass Midas etwas im Schilde führt«, ergänzte Tiresias.

»Und zwar etwas ziemlich Großes«, stimmte ich zu.

Für kurze Zeit hatte ich Samba vergessen, und als ich nach ihm Ausschau hielt, sah ich, dass er dem Gefolge des Königs in Richtung Palast hinterhertrippelte.

»Komm zurück, Samba!«

Mein Kater gehorcht noch nicht sonderlich gut, und ich bin nicht sicher, ob er es je tun wird. Ich glaube, er lässt sich von seinem Bauch leiten, und womöglich hatte er den Duft irgendwelcher Leckerbissen aus dem Palst gewittert. Ich wollte ihm schon hinterherlaufen, doch Helena hielt mich zurück: »Du willst ungebeten den Palast des Königs Midas betreten?«

»Aber … mein Kater ist da drin!«, erklärte ich.

»Das kann gefährlich sein, Pina«, beharrte Helena.

»Wir gehen alle zusammen hinein!«, entschied Tiresias.

Dann nahm unser Freund, der Fischer, uns an der Hand und wir gingen gemeinsam durch die turmhohen Tore von Midas' Palast.

Man kann nicht alles kaufen

Der Garten des Palasts war riesig, fast so groß wie ein Park! Auf dem Weg gab es mehrere Seen und Wasserbecken, die zusammen eine Art Wasserlabyrinth bildeten. Erst nach vielen Kurven erblickten wir ein gigantisches Gebäude aus Marmor.

»Wirklich unglaublich!«, murmelte Helena, die schon ein bisschen beeindruckt war.

»Kanntest du diesen König Midas schon, Tiresias?«

»Er ist hier sehr berühmt, Pina. Aber nicht besonders beliebt. Ein ziemlich ruhmsüchtiger König.«

Wir gingen über eine Zugbrücke und betraten den Palast. Dort blickten wir uns erstaunt um: Der Boden war vollständig mit Edelsteinen bedeckt: Rubine, Saphire, Smaragde. Die Wände waren aus Gold und die Decken aus Kristall.

An einem riesigen Tisch saß Silen, der sich gut vom Beinahe-Ertrinken erholt zu haben schien und jetzt einen bequemen Morgenmantel trug und heißen Pfefferminztee trank. Und mein Kater saß auf dem

Schoß eines Mädchens mit grünlich-blonden Haaren. Vielleicht hatte sie zu viel in den Wasserbecken des Palastgartens gebadet.

»Gefällt dir mein Kater? Er heißt Samba.«

Ich versuchte, nett zu sein. Doch statt mir zu antworten, drehte sich das Mädchen zu König Midas um und sagte: »Papa, hast du dieses niedliche Kätzchen gesehen?«

»Wunderschön, mein Liebling. Willst du es haben?«

»O ja, bitte!«

»Aber der Kater gehört Pina!«, verteidigte mich Helena.

»Und ob er mir gehört«, rief ich.

»Noch …«, erwiderte die Prinzessin herablassend.

Helena und ich blickten uns fassungslos an. Ich traute meinen Ohren kaum. Dachte dieses grünhaarige Mädchen wirklich, dass sie meinen Kater behalten konnte, nur weil sie Prinzessin war und in einem Palast lebte? Was fiel ihr bloß ein? Doch sie redete weiter auf ihren Papa, den König, ein:

»Papa, kauf mir das Kätzchen! Los! Mach schon!«

»Natürlich, mein Engel. Sofort!«, sprach der König.

Ich war außer mir vor Wut. Was für ungezogene königliche Hoheiten! Den König interessierte noch nicht einmal, ob ich meinen Kater überhaupt verkaufen wollte. Er kam mit einem Säckchen aus rotem Samt, das mit Goldmünzen gefüllt war, und sagte: »Sag deinen Preis, Mädchen. Wie viele Münzen willst du für dieses Tier?«

»Mein Kater ist nicht zu verkaufen«, antwortete ich.

»Ich habe schon bemerkt, dass du eine gute Ge-

schäftsfrau bist. Du kannst handeln, na los … wie viel willst du für das Vieh? Wie wäre es mit zehn Münzen aus reinem Gold?«

Ich hätte nie gedacht, dass ich so wütend werden konnte, dass es mir die Sprache verschlug. Doch dieses Mal wollten die Worte einfach nicht herauskommen, und ich wurde ganz rot und hatte Angst, mir kämen gleich die Flammen aus der Nase. Wirklich! Manchmal glaube ich, dass einer meiner Urururgroßväter ein Drache war, weil ich immer mal wieder große Lust habe, Feuer zu spucken! Ich brütete gerade ein Flammenmeer aus, als ich eine vertraute Stimme empört sagen hörte: »Die haben wohl immer noch nicht verstanden, dass dieser Kater Pina gehört und nicht zu verkaufen ist!«

Ich hatte keine Ahnung, wie Bruno in den Palast gekommen war, aber ich freute mich sehr, meinen besten Freund wiederzusehen … besser gesagt meinen ehemaligen besten Freund …

Mein Urururgroßvater!
Eine heißblütige Familie …

Der Gott der Feste

Bruno ging zu der Prinzessin mit den grünlichen Haaren und nahm ihr meinen Kater ab. Ich hatte Lust, meinen Freund mit aller Kraft zu umarmen, doch dann fiel mir ein, dass ich immer noch sehr böse auf ihn war.

»Jetzt erzähl schon, Pina. Wo hast du diesen Kater her?«

»Wenn du mich nicht allein in diesem Loch zurückgelassen hättest, wüsstest du es ganz genau.«

»Und diese goldene Hängematte in deinem Zimmer, wo kommt die her?«

»Von meinem Opa!«

»Aber deine Mutter hat gesagt, dass er …«

»Er hat sich hier in Griechenland verirrt.«

»Griechenland? Sind wir hier etwa in Griechenland?!«

Als er das hörte, verstummte Bruno und blickte sich um. Unterdessen nahm ich Samba auf den Arm und machte mich zum Gehen bereit. Doch gerade als ich aus dem Palast gehen wollte, kam Tiresias und zeigte mir einen Mann mit brauner Haut und grünen Haaren, der gerade angekommen war. Es war ein etwas merkwürdiger Typ: Er aß Trauben und tanzte dabei zu irgendeiner wilden Musik herum, die jedoch nur er zu hören schien. Ich brauchte eine Weile, bis ich verstand, dass er beim Gehen fest auf die Bodensteine auftrat und sie einen nach dem anderen in Lautsprecher verwandelte. Plötzlich hörten wir alle eine sehr schnelle Musik, die von den Wänden des Palastes widerhallte.

»Wer ist das, Tiresias? Ein Zauberer?«

»Nein, Pina. Das ist Dionysos. Der Gott der Feste, der Trauben und der Ernte.

»Gott? Ein richtiger Gott?«

»Dionysos ist der Sohn des Mannes, den du heute aus dem Meer gerettet hast.«

Bruno kam näher, weil er die Geschichte auch hören wollte: »Was für ein Quatsch! Götter gibt es doch gar nicht!«

»Natürlich gibt es die. Hier in Griechenland gibt es Götter wie Sand am Meer«, erwiderte Helena.

»Ich dachte immer, Götter wären durchsichtig! Sie

kämen durch die Luft angeschwebt oder so«, sagte ich, immer noch verblüfft.

»Und ich denke immer noch, dass dieser Mann nicht im Geringsten ein Gott ist. Er ist so … gewöhnlich!«, überlegte Bruno.

»Du wirst gleich sehen, wie göttlich seine Feste sind!«, antwortete Helena und ging auf Dionysos zu, um zu tanzen.

Ich war immer noch sehr neugierig und wollte Tiresias alle möglichen Fragen über den Gott der Feste stellen, der jetzt hier im Saal herumtanzte, ganz in unserer Nähe.

»Sag mal, Tiresias, wenn Dionysos ein Gott ist, dann muss sein Vater doch auch ein Gott sein, oder? Aber warum wäre er dann beinahe ertrunken?«

Tiresias lächelte mich an, und mit aller Gelassenheit der Welt machte er sich daran, mir diese komplizierte Geschichte zu erklären: »Also, der biologische Vater von Dionysos ist Zeus, der oben auf dem Olymp wohnt. Silen ist der Adoptivvater von Dionysos auf der Erde. Aber er ist ein Sterblicher wie wir, und deshalb wäre er fast ertrunken.«

»Verstehe. Der Gott Dionysos hat also zwei Väter!«

»Ganz genau, Pina.«

»Ach so. Das ist bei ein paar meiner Freundinnen aus der Schule auch so.«

Ich hatte wirklich viele Freundinnen, die einen Vater und einen Stiefvater hatten und so weiter. Doch ich hatte nicht gewusst, dass das bei den Familien der Götter auch so war, mit verschiedenen Vätern, Müttern, Stiefmüttern und Stiefvätern, genau wie bei den Familien von uns Menschen. Ich unterhielt mich noch eine ganze Weile mit Tiresias, bis ich alles über den Gott der Feste wusste.

ΔΙΟΝΥΣΟΣ

Dionysos

Gott der großen Feste, der Trauben und der Ernte.
Alter: weiß niemand, aber er sieht sehr jung aus!
Tick: unvergessliche Feste veranstalten
Vater Nr. 1: Zeus, der auf dem Olymp wohnt.
Vater Nr. 2: Silen, der ihn hier auf der Erde großgezogen hat.
Mutter: Semele, eine Sterbliche, die mit Zeus Dionysos bekam.

Trotz all dieser Erklärungen schaute Bruno Tiresias immer noch ungläubig an und wusste nicht, was er von der ganzen Geschichte halten sollte.

»Ich glaube erst, dass dieser Dionysos ein Gott ist, wenn er etwas Übernatürliches tut.«

»Ja, Pina, vielleicht kann Dionysos dir ja dabei helfen, deinen Opa wiederzufinden!«, schlug Helena vor.

»Das ist praktisch unmöglich!«, rief Bruno.

»Bruno, bist du gekommen, um mir zu helfen oder um mir alles zu verderben?«

»Aber Pina, deine Mutter hat gesagt, dass …«

Ich gab nichts auf Brunos Geschwätz und wollte lieber die Meinung des alten und weisen Tiresias hören: »Glaubst du auch, dass Dionysos mir helfen kann?«

»Einen Versuch ist es wert«, sagte Tiresias.

»Götter können alles!«, meinte Helena.

»Fast alles …«, verbesserte sie der Fischer.

Ich muss zugeben, dass ich begeistert war von diesem Gott. Es wäre toll, wenn er mir dabei helfen könnte, meinen Opa zu finden. Na ja, vielleicht tauchen Götter ja gerade deshalb in solch schwierigen Momenten auf, oder?«

Eine besondere Bitte

Bei diesem Fest konnte niemand still sitzen. Dionysos brachte alle im Palast zum Tanzen: Könige, Untertanen, Prinzessinnen und alle gewöhnlichen Sterblichen. In der Mitte des Saals wurde ein Kreis gebildet, und ich wollte unbedingt diesen griechischen Tanz lernen, bei dem man sprang und in die Hände klatschte und lauter Teller auf den Boden warf, alles sehr ausgelassen. Ich war schon dabei, ein paar Schritte zu üben, damit ich im Kreis mittanzen konnte, als Bruno mich in eine Ecke zog. Nachdem er mir lauter Löcher in den Bauch gefragt hatte, meinte er:

»Ich glaube, wir gehen am besten zu dir nach Hause zurück und …«

»Hör mal, Bruno: Ich gehe erst zurück, wenn ich meinen Opa gefunden habe. Du hast zwei Möglichkeiten: Entweder du hilfst mir, oder du verschwindest. Entscheide dich.«

»Aber Pina …«

Ich gesellte mich wieder zu den Tanzenden und lies

Bruno stehen. Ehrlich gesagt, hatte ich nicht die geringste Lust, mit ihm über meinen Opa zu sprechen. Wenn er wieder mein Freund sein wollte, musste er auch etwas dafür tun, doch ich wusste noch nicht, ob ich mich wieder auf ihn verlassen konnte. Und vor allem wurde ich sehr traurig, wenn ich über meinen Opa sprach, deshalb war Tanzen jetzt die beste Medizin. Nachdem wir uns bestimmt über hundertmal gedreht hatten, blieben alle im Kreis stehen, und Dionysos unterbrach die Musik und verkündete: »Ich möchte auf denjenigen trinken, der meinem Vater das Leben gerettet hat!«

Helena schaute mich ganz begeistert an, und ich wollte schon loslegen und Dionysos von unserem Abenteuer im Meer erzählen, als Midas sich an mir vorbeiquetschte und mir ein ganzes Bündel Trauben auf einmal in den Mund schob.

»Vielen Dank für den Trinkspruch, Dionysos. Das war doch nicht nötig. Ich hätte jedem geholfen, der in Not ist …«

»Ihr verdient eine Belohnung, mein teurer König Midas. Ihr könnt verlangen, was ihr wollt.«

»Ganz egal, was?«

»Ganz egal, was!«

Midas überlegte nicht lange, und während ich noch

hustend nach Luft schnappte und Helena mir besorgt auf den Rücken klopfte, sprach der habgierige König seinen Wunsch aus: »Ich will, dass alles, was ich berühre, sich in Gold verwandelt!«

»Wirklich alles?«

»Ja, alles!«

»So sei es!«, befahl der Gott und ließ einen goldenen Blitz über König Midas erleuchten.

Die Berührung des Midas

Der König war begeistert und beschloss, seine neue Gabe sogleich an einem Baum im Garten auszuprobieren. Der Baum verwandelte sich augenblicklich in Gold. Dann berührte er sein Weinglas, und es verwandelte sich ebenfalls in Gold. Auch das Brot auf dem Tisch wurde berührt und verwandelt.

»Ich bin reich! Ich bin der reichste Mann der Welt!«, rief König Midas mit steil noch oben gereckter Nase.

Es war beeindruckend, wie er mit der Macht seiner Finger Früchte, Blumen und Besteck in Gold verwandelte. Stolz stellte Midas seine magische Berührung zur Schau, indem er alles streifte, was ihm über den Weg lief.

Als ich es endlich schaffte, die Traubenkerne auszuspucken, murmelte ich zu Helena: »Das ist ungerecht!«

»Vollkommen absurd!«, stimmte sie bei.

Bruno ließ König Midas' Finger nicht aus den Augen: »Das kann nur ein Trick sein, glaubst du nicht?

Wenn es stimmen würde, könnte König Midas jetzt alles kaufen, was er will.«

»Alles außer meinem Kater Samba! Den kann er nicht mal mit allem Gold der Welt kaufen!«

»Das Schlimmste ist, dass du jetzt diese Gabe haben könntest«, schimpfte Helena.

»Tatsächlich?«, wollte Bruno wissen.

Also erzählten wir ihm die Geschichte von Silens Rettung aus dem Meer, und Bruno fragte mich neugierig: »Wenn du dich nicht an diesen … Trauben verschluckt hättest, was hättest du dir gewünscht, Pina?«

»Ich glaube, ich hätte mir gewünscht, meinen Opa zu finden.«

»Aber Pina …«

»Bruno! Ich werde meinen Opa finden, wo auch immer er steckt, hast du verstanden?«

Bruno wollte noch etwas sagen, doch unsere Unterhaltung wurde von der lauten Stimme des Königs Midas unterbrochen, der auf uns zukam, während er zu seiner Tochter sagte: »Du kannst alles haben, was du willst, Prinzessin Zoé! Ich kann dir alles kaufen!«

Wieder bemerkte ich, wie sie Samba anschaute: »Ich will den Kater von …«

Noch bevor sie zu Ende sprechen konnte, berührte ihr Vater, der seine neue Gabe vergessen hatte, sie am Arm und verwandelte seine Tochter in eine Statue aus purem Gold. Helena stieß einen entsetzten Schrei aus, und wir wichen nervös zurück. Ich wandte mich an Tiresias, weil ich das nicht ganz verstanden hatte: »Wie? Menschen können sich auch in Gold verwandeln?«

»Ist das nicht genau das, worum Midas gebeten hat? Dass alles, was er berührt, sich in Gold verwandelt?«

»Wir sollten uns besser ganz schnell aus dem Staub machen!«, seufzte Helena, zitternd vor Angst.

»Das ist nicht bloß ein Zaubertrick, Pina. Ich glaube, er verwandelt tatsächlich alles in echtes Gold!«, murmelte Bruno erstaunt.

»Natürlich ist das Gold echt. Und der Wutausbruch, den er gerade hat, ist auch echt!«, sagte ich.

Der König war außer sich und kam mit hassgeröteten Augen auf uns zu: »Euch werde ich auch in Gold verwandeln.«

Midas wollte meinen Arm berühren, und ich machte einen Satz nach hinten, bevor er es noch einmal versuchte. Da sprang Samba auf ihn los, fauchte wie ein Löwe und kratzte den König am Arm. Im selben Augenblick packte Midas meinen Kater, der sich sogleich in Gold verwandelte, beim Schwanz, und warf ihn ganz weit fort. Diesmal konnte ich meinen Schrei nicht zurückhalten: »Verdammter König! Was hast du mit meinem Kater gemacht?!«

Ich wollte schon auf den König losrennen, doch Bruno hielt mich an meinem Kleid zurück.

»Ganz ruhig, Pina, oder willst du auch in eine Statue verwandelt werden?«

»Wir gehen jetzt besser. Midas ist zu gefährlich!«, flehte Helena.

»Aber ich kann Samba nicht im Stich lassen!«, rief ich.

Ich war bereit, es dem König zu zeigen, doch Bruno, Helena und Tiresias zerrten mich hinter einen Busch, wo wir uns versteckten und still hielten, bis Midas sich verziehen würde. Bruno schien besorgt um mich und ziemlich erschrocken über das, was er gerade gesehen hatte.

»Wir suchen deinen Opa besser woanders, Pina.«

»Nein, Bruno! Dieser König muss Samba irgendwie zurückverwandeln. Ohne meinen Kater gehe ich hier nicht weg!«

Zwischen Macht und Leben

Wir blieben in unserem Versteck hinter dem Busch und wussten nicht, was wir tun sollten, als wir irgendwo Wasser plätschern hörten und Bruno mein Fernglas haben wollte. Er wusste, dass in meiner Supertasche verschiedene nützliche Dinge waren, wie Klebestreifen, Trillerpfeifen, Chilischoten, Kaugummi, Block und Bleistift und ein gutes altes Fernglas, das einst meinem Opa gehört hatte.

Ich gab ihm das Fernglas, und er drehte sich zu König Midas und fing an zu lachen.

»Was ist?«, fragte ich neugierig.

»Ich glaube, der Zauber hat sich gegen den Zauberer gewandt. Sieh selbst, Pina.«

Das Fernglas ging von Hand zu Hand, damit wir alle sehen konnten, was passiert war. Nachdem Samba ihn gekratzt hatte, wollte Midas seinen blutverschmierten Arm in einem der vielen Wasserbecken waschen. Doch sobald er das Wasser berührte, verwandelte es sich in massives Gold. Nun war er gefangen und konnte sich nicht mehr rühren.

»Jetzt bekommt dieser König was zu hören!«, sagte ich entschlossen.

»Vorsicht, Pina! Dieser Mann ist gefährlich«, jammerte Helena.

»Keine Sorge, Helena. Der König kann sich nicht mehr von der Stelle rühren«, erwiderte Bruno.

»Lasst uns zusammen hingehen«, schlug Tiresias vor.

Als wir beim goldenen Wasserbecken ankamen, erteilte uns Midas Befehle: »Ruft meine Diener! Holt meine Untertanen! Schnell!«

»Immer mit der Ruhe! Du erteilst niemandem mehr Befehle, ist das klar? All deine Untertanen haben den Palast verlassen, aus Angst, in Gold verwandelt zu werden«, erklärte ich ihm.

Dann nahm ich die Statue von Samba, die auf dem Boden lag, und hielt sie dem König vor die Nase: »Sieh bloß, was du mit meinem Kater gemacht hast!«

»Das ist nicht mein Problem«, antwortete Midas und drehte sich weg, als hätte er nichts damit zu tun.

Da der König gefangen war und sich nicht bewegen konnte, hielt ich ihm Samba so lange vor die Nase, bis er seinen Fehler zugab.

»Was geschehen ist, ist geschehen. Ich kann es nicht rückgängig machen«, meinte der König und drehte wieder den Kopf weg.

»Warum rufst du nicht Dionysos und bittest ihn, alles ungeschehen zu machen?«, schlug ich vor.

»Damit ich meine Gabe verliere? Jetzt, wo ich der reichste Mann der Welt bin? Niemals!«

»Das heißt, du bleibst lieber für immer hier am Boden gefangen?«, fragte ich.

Offensichtlich war die Gabe, Gold zu machen, das Wertvollste für diesen geldgierigen König. Ich zwinkerte Helena und Bruno zu, und wir gingen langsam davon: »Gehen wir! Soll er doch allein hier verschimmeln!«

Tiresias verstand, was wir vorhatten, und kam mit uns: »Der Arme, er wird bestimmt verdursten …«

»Oder verhungern«, ergänzte Bruno.

Als er uns gehen sah, dachte der König endlich ein wenig nach und rief verzweifelt: »Wartet! Kommt zurück! Ich will nicht sterben!«

Tiresias ging einige Schritte zurück, beugte sich zu ihm hinunter und sagte noch einmal mit seiner festen, ruhigen Stimme: »Du musst dich entscheiden, Midas: Dein Leben oder deine Gabe?«

In diesem Moment sahen wir, wie ein paar grelle Blitze den Himmel zerschnitten. Dann folgten Donnerschläge, die alles erzittern ließen. Der erschrockene König seufzte endlich und gab sich geschlagen: »Schon gut, ruft Dionysos! Schnell!«

Helena, die schreckliche Angst vor Blitz und Donner hatte, wollte schon zum Palast rennen, als sie merkte, dass ich immer noch am selben Fleck stand. Mehr noch: Ich zog eine schöne Trillerpfeife aus meiner Supertasche hervor, blies hinein und schaute in aller Ruhe zu den umliegenden Baumkronen.

»Komm, Pina. Das ist nicht der richtige Moment, um Vögel anzulocken! Ich glaube, Dionysos ist noch drüben im Palast«, sagte Helena.

Ich rührte mich nicht, und zwar aus einem ganz einfachen Grund: Ich hasse es, wenn herrschsüchtige und ungezogene Menschen wie dieser König mir Befehle erteilen.

»Ich gehe nur, wenn Midas das Zauberwort sagt, dass jeder kennt. Ich warte …«

Und dann blies ich wieder in aller Ruhe in meine

Trillerpfeife – manchmal ist es nämlich leichter, sich mit Vögeln zu unterhalten als mit gewissen Menschen …

Zwei Schritte nach rechts, zwei nach links

Der König war immer noch am Rand des Wasserbeckens gefangen. Er lag am Boden, und es war nichts von einem Zauberwort zu hören.

»Ein so mächtiger und ungezogener König, wirklich unglaublich!«, meinte Helena.

»Bestimmt hat er das Wort vergessen, das alle kennen, weil er es nie gebraucht hat«, sagte Bruno.

»Ich glaube, er hat es erst gar nicht gelernt!«, ergänzte ich.

»Schon gut, schon gut … Helft mir … Bitte!«, murmelte der König ganz leise.

Ja, jetzt konnten wir dem König helfen! Bruno, Helena und ich rannten zum Palast und entdeckten Dionysos, der zusammen mit Silen vor der Statue der Prinzessin Zoé herumtanzte, in bester Laune. Es war gar nicht so leicht, einen feierwütigen Gott wie ihn dazu zu bringen, seinen Tanz zu unterbrechen. Aber ich musste es versuchen: »Gott Dionysos, du musst mit mir kommen! Es ist dringend!«

»Lass uns tanzen, Mädchen,
lass uns das Leben feiern!«

Dionysos zog Helena an sich, und sie konnte natürlich nicht widerstehen. Wer könnte schon die Einladung dieses griechischen Gottes ausschlagen? Ratlos schaute ich zu Bruno, und zu meiner Überraschung zog er mich ebenfalls an sich und begann zu tanzen. Jetzt verstand ich überhaupt nichts mehr, Bruno tanzte nämlich normalerweise gar nicht gern …

»Komm, Pina. So gelangen wir in die Nähe von Dionysos und können ihm die Sache erklären!«, sagte Bruno.

Schritt für Schritt konnten wir uns dem Gott der Feste nähern, und als er eine etwas ruhigere Musik spielte, nutzte ich die Gelegenheit und sagte: »Gott Dionysos, König Midas hat den Wunsch bereut, der ihm gewährt wurde, und …«

»Zu spät. Ich habe getan, worum er mich gebeten hat. Jetzt ist es vollbracht!«, antwortete der Gott und drehte sich unaufhörlich weiter.

Offenbar half es nichts, über Midas zu sprechen. Also holte ich tief Luft und erzählte, was am Strand passiert war.

»Dionysos, du hättest Midas diese Gabe nicht verleihen dürfen, er hat nämlich gar nicht deinen Vater gerettet. Ich habe das getan, zusammen mit meinen Freunden.«

Mit einem Fingerschnippen beendete er die Musik und schaute mich ein wenig verwirrt an: »Aber warum hast du dann nichts gesagt, als ich gefragt habe?«

»Weil König Midas mir ein ganzes Bündel Trauben auf einmal in den Mund gesteckt hat!«, antwortete ich.

»Erinnerst du dich an sie, Vater?«, fragte Dionysos Silen.

»Ich glaube, ich habe eine Nixe gesehen, die ihr ziemlich ähnlich sieht …«

»Es gibt keine Nixen!«, rief Bruno und hätte fast alles kaputtgemacht.

»Ich war auch dabei. Es stimmt«, sagte Helena.

»Wie wäre es, wenn wir mit Midas sprechen? Ich wette, er wird alles bestätigen«, meinte ich.

Dionysos und Silen begleiteten uns zum Wasserbecken, in dem der König gefangen war, und als der Gott der Feste sah, wie Midas auf dem Boden lag, die Hände im Gold eingeschlossen, fing er an zu lachen. Dann nahm er eine Flasche Wein und fragte schadenfroh: »Na, Midas, hast du Durst? Wie wär's mit einem Schluck Wein?«

Midas nickte und machte verzweifelt den Mund auf. Dionysos goss ihm den Wein direkt hinein, doch sobald das Getränk seine Kehle berührte, verschluckte sich Midas. Er musste husten und spuckte kleine Goldstückchen.

»Was ist denn mit diesem Wein los?«, schrie er entsetzt.

»Der Wein hat sich in Gold verwandelt, mein Teuerster! War das nicht dein Wunsch? Dass alles, was du berührst, sich in Gold verwandelt?«, fragte Dionysos und lachte.

Göttliche Hilfe

Der König, der vorher eitel im Palast herumstolziert war, weinte jetzt wie ein Kind, direkt vor unserer Nase. Aber wir hatten kein bisschen Mitleid mit ihm! Als er merkte, dass wir ihm sein Theater nicht abnahmen, hörte er auf zu weinen, und ich forderte ihn auf: »Und jetzt erzähl dem Gott Dionysos mal, wer Silen aus dem Meer gerettet hat!«

Midas hob mit letzter Kraft, erschöpft und geschlagen am Boden liegend, den Kopf und sagte: »Sie war's.«

»Eigentlich waren wir es alle zusammen. Alle haben geholfen«, sagte ich und zeigte auf meine Freunde.

»Nimm diese schreckliche Gabe von mir, Dionysos. Alles soll wieder so sein wie früher!«, flehte Midas.

»Bist du sicher?«

Midas nickte, und mit einem goldenen Blitz zauberte Dionysos alles zurück, was in Gold verwandelt worden war. Samba kam sogleich auf meinen Schoß gesprungen und miaute leise, damit ich ihn kraulte.

»Du bist ein richtiger Held, Samba!«, lobte ich ihn und umarmte mein geliebtes Katerchen.

Dann wollten alle Samba streicheln, und während er von einem zum anderen sprang, sahen wir Prinzessin Zoé vorbeirennen, auf der Flucht vor ihrem eigenen Vater.

»Komm zurück, meine Tochter! Dein Vater hat dich sehr lieb!«, rief Midas.

»Rühr mich nicht an!«, brüllte Zoé in Panik.

Wir lachten uns halbtot über die beiden, die sich so ganz und gar nicht vornehm benahmen. Das sollten sie nun untereinander ausmachen.

Dionysos wollte weiterfeiern, doch Silen schien müde zu sein und gähnte: »Lass uns gehen, mein

Sohn. Ich habe heute schon mehr als genug Abenteuer erlebt.«

»In Ordnung, Vater. Wie jeder echte Sterbliche verdienst du jetzt Ruhe.«

»Aber etwas fehlt noch: Die Belohnung für das Nixen-Mädchen«, erinnerte Silen.

Da drehte sich Dionysos zu mir um und lächelte mich sehr nett an: »Du kannst verlangen, was du willst.«

Ich schaute Bruno an, voller Hoffnung, und bat den Gott der Feste: »Ich will meinen Opa finden!«

»Ist er irgendein Gott?«, fragte Dionysos.

»Also … eigentlich … ist er ziemlich menschlich.«

»Ein Sterblicher? Aber die Welt ist voll von Sterblichen! Wie soll ich da wissen, welcher von ihnen dein Opa ist?«

»Du bist ein Gott! Ich dachte, Götter wüssten alles!«, rief ich besorgt.

Bruno schaute mich an, schüttelte den Kopf und wollte schon gehen.

»Lass gut sein, Pina. Ich hatte mir schon gedacht, dass dieser Typ nicht wirklich ein Gott ist.«

Helena jedoch wollte Dionysos überreden und zeigte, dass sie wirklich an ihn glaubte: »Bitte, Dionysos, du bist ein Gott! Hilf Pina, ihren Opa zu finden.«

»Versuch ihr zu helfen, mein Sohn!«, bat auch Silen.

»Ist ja gut, einverstanden. Aber das fällt nicht in meinen Bereich. Wenn du in dieser riesigen Welt einen Sterblichen finden willst, der sich verirrt hat, musst du mit meinem anderen Vater reden: Zeus.«

»Und wo kann ich mit ihm sprechen?«, fragte ich ungeduldig.

»Er wohnt auf dem Olymp, über den höchsten Bergen, über den Wolken. Nur wenige Sterbliche schaffen es bis dorthin.«

»Über den Wolken? Das geht nur, wenn wir mit dem Flugzeug hinfliegen und dann mit dem Fallschirm abspringen«, scherzte Bruno.

»Wenn es sein muss, gehe ich überallhin. Sag, was wir tun müssen, und wir tun es«, bat ich ihn inständig.

Mit einem weiteren goldenen Blitz zauberte Dionysos wunderbar glänzende Zügel herbei und gab sie mir in die Hand.

»Nimm diese goldenen Zügel und versuche, Pegasus zu zähmen, das geflügelte Pferd. Nur er kann euch zum Olymp bringen. Das ist alles, was ich für dich tun kann. Und nun lass uns gehen, mein Vater.«

Nachdem er das gesagt hatte, verschwand Dionysos mit Silen in einer Wolke aus Blättern, und es blieben nur ein paar Traubenkerne zurück.

Ich betrachtete die goldenen Zügel und konnte mir kaum vorstellen, dass es klappen könnte.

»Ich muss es schaffen. Ich werde es schaffen. Verflixt noch mal! Ob ich es wirklich schaffen werde?«

Ein langer Tag

Wir waren alle furchtbar müde, und Bruno und ich übernachteten bei Helena, in einer Hängematte, jeder mit dem Kopf zu einer Seite. Samba kuschelte sich in meine Supertasche und wärmte mich in der kalten Nacht.

Ganz früh am nächsten Morgen, als die Sonne gerade erst am Horizont auftauchte, kam Tiresias und weckte uns, damit wir das berühmte geflügelte Pferd suchen konnten.

»Seid ihr bereit? Wir müssen gleich los, denn wir haben einen langen Fußmarsch vor uns.«

Ich sprang mit Samba aus der Hängematte und schüttelte Bruno, diesen Faulpelz, während Helena ein paar getrocknete Aprikosen einpackte, die wir unterwegs essen konnten.

Auf dem Weg erzählte Tiresias die Geschichte von Pegasus und beantwortete unsere tausend Fragen.

»Welche Farbe hat das geflügelte Pferd, Tiresias?«

»Es ist ganz weiß, Bruno, mit riesigen Flügeln.«

»Aber gibt es wirklich *viele* Pferde mit Flügeln hier in Griechenland?«, fragte Bruno, der immer an allem zweifelte.

»Pegasus ist das einzige Pferd mit Flügeln im ganzen Universum! Es tauchte genau in dem Augenblick auf, als der Krieger Perseus den Kopf der schrecklichen Medusa abhackte.«

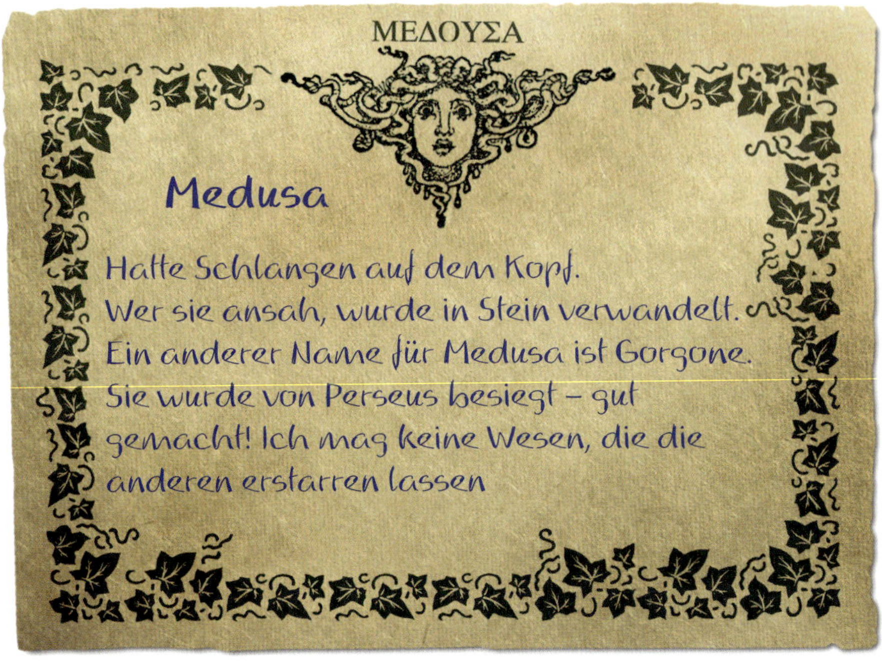

ΠΕΡΣΕΥΣ

Perseus

Sohn von Zeus und der Sterblichen Danae.
Sehr listig.
Schnitt Medusas Kopf ab und nutzte dabei seinen Schild als Spiegel!
Ich bin ein großer Fan von ihm. Intelligente Helden finde ich super!

»Medusa war diese Frau, die Schlangen anstelle von Haaren hatte, oder?«, versuchte ich mich zu erinnern.

»Genau die. Wer Medusa anschaute, erstarrte sogleich zu Stein!«, sagte Helena.

»Wenn man diese Medusa nicht anschauen durfte, wie hat es Perseus dann geschafft, ihr den Kopf abzuschneiden?«, wunderte sich Bruno.

»Also, Perseus war sehr listig. Er nutzte sein Schild als Spiegel und sah darin, wie Medusa sich anschlich.

Als die Gorgone ganz nah war, zog er sein Schwert und … zosch! schnitt er ihr den Kopf ab«, erklärte Tiresias.

»Listig ist ganz schön untertrieben. Er war unheimlich klug! Aber sag mir eins, Tiresias. War Perseus so wie wir, ein ganz normaler Sterblicher?«, wollte ich wissen.

»Nein. Perseus war ein Sohn von Zeus mit der Sterblichen Danae …«

»Ein Halbgott, wie Herkules«, meinte Helena.

»Erwischt, Helena! Ich habe schon bemerkt, dass du ein großer Fan von Herkules bist, nicht wahr? Andauernd sprichst du über ihn.«

»Ja, und ob. Herkules ist der größte Held von ganz Griechenland. Unvergleichlich und unbesiegbar!«, rief Helena begeistert.

»Also ich stehe ja mehr auf Perseus«, seufzte ich.

»Und ich stehe eher auf mich!«, fauchte Bruno.

Zu meiner Überraschung kam Samba aus meiner Tasche gekrochen und fauchte ebenfalls, und zwar vor Eifersucht. Ich musste lachen! Was für ein Witzbold!

Das geflügelte Pferd

Während wir weiterliefen, erzählte uns Tiresias bis in jede Einzelheit die Geschichte von Pegasus.

»Stimmt es, dass Pegasus von Medusa geboren wurde?«, wollte ich wissen.

»Das Pferd mit den riesigen weißen Flügeln wurde aus dem vergossenen Blut ihres Kopfes geboren. Seither dient es Zeus, indem es seine Blitze von einem Ort zum andern trägt«, erklärte Tiresias.

Als die Sonne schon sehr weit oben stand, zeigte Tiresias uns eine Quelle, die aus einem Stein hervorsprudelte: »Das hier ist die Quelle Hippokrene. Sie ist durch einen Hufschlag von Pegasus entstanden.«

Das Wasser, das daraus quoll, war so sauber und kristallklar, dass ich nicht widerstehen konnte und hinrannte, um einige Schlucke zu nehmen. Tiresias wollte mir noch etwas sagen, doch ich hatte großen Durst und rannte los, ohne ihn an-

zuhören. Bruno war besorgt und wollte wissen, ob das Wasser mir etwas anhaben könnte.

»Sag bloß nicht, dass es verseucht ist … Kann Pina jetzt sterben? Oder Gelbsucht bekommen? Oder Würmer? Vielleicht Bandwürmer?«

»Nein, es ist nichts Schlimmes! Aber das hier ist eine ganz besondere Quelle. Wer daraus trinkt, gewinnt die Gabe des Wortes …«

»Heißt das, dass ich immer viele Geschichten zu erzählen haben werde?«, fragte ich.

»Ich glaube, das heißt, dass du ohne Unterlass

reden wirst. Ich muss mir einen Gehörschutz erfinden!«, lachte Bruno.

Wir erfuhren, dass verschiedene Dichter zur Hippokrene gekommen waren, um Tonkrüge zu füllen und sie mit nach Hause zu nehmen. Vielleicht regte das Wasser ihre Phantasie an.

Wir waren müde und suchten uns einen großen Baum, der uns vor der heißen Sonne beschützte. In der Hoffnung, dass das geflügelte Pferd kommen würde, um Wasser zu trinken, warteten wir dort einige Stunden, doch nichts passierte. Unterdessen erzählte ich Tiresias und Helena meine vollständige Lebensgeschichte. Ich redete wie ein Wasserfall. Das war bestimmt wegen der Hippokrene.

Plötzlich legte sich ein riesiger Schatten über uns, und mir lief ein Schauder über den Rücken. Ich sprang auf und erblickte neben der Quelle das schönste Geschöpf unseres Planeten: Ein riesiges Pferd, ganz weiß, mit gigantischen Flügeln, die mit lauter kleinen Federn besetzt waren. Das konnte nur Pegasus sein!

»Was für eine unglaubliche Kreatur!«, seufzte ich verzaubert.

Ich wollte dieses magische Geschöpf unbedingt berühren. Am Boden sah ich eine Feder aus seinem Flügel liegen. Schritt für Schritt ging ich näher heran, ganz behutsam, um das geflügelte Pferd nicht zu erschrecken. Ich konnte schon fast einen der Flügel berühren, als Samba aus meiner Tasche sprang und wie ein kleiner Löwe fauchte.

Feder von Pegasus

Hinauf in die Lüfte

Diesmal schimpfte ich Samba richtig aus. Wenn ich tatsächlich in Gefahr wäre, könnte er mich ja gern beschützen. Aber dass er mich gegen alles und jeden verteidigen wollte – das war einfach zu viel.

»Reiß dich zusammen, Samba! Du benimmst dich wie eine wilde Bestie. Pegasus ist ein Freund.«

Das geflügelte Pferd wieherte erschrocken. Es wich zurück und entfernte sich von der Quelle. Jetzt fehlte nur noch, dass es mit den Flügeln schlug und in den Lüften verschwand …

»Geh nicht fort, bitte. Wir brauchen deine Hilfe«, bat ich.

Plötzlich bemerkte ich Bruno, der hoch oben in einer Baumkrone saß, bereit, auf das riesige Pferd zu springen.

»Überlass das mir, Pina. Ich bin ein guter Reiter.«

Bruno sprang von einem Ast und landete genau auf dem Rücken von Pegasus, der sich aufbäumte und wütend wieherte. Bruno musste sich an seiner

Mähne festhalten, um nicht herunterzufallen … Was hatte er sich bloß dabei gedacht? Er hielt sich wohl für einen Cowboy! Ich hätte ihn am liebsten erwürgt.

»Geh da runter, Bruno. Mit Gewalt funktioniert das nicht. Lass mich mit Pegasus reden.

»Mit einem Pferd reden? Du hast Ideen! Weißt du, wann es dich verstehen wird? Nie!«

In diesem Augenblick bäumte Pegasus sich ein zweites Mal auf und schaffte es, Bruno abzuwerfen. Ich rannte hin, um zu sehen, ob alles in Ordnung war mit meinem Freund, und dann musste ich furchtbar lachen.

»Du bist ein richtiger Sturkopf, weißt du das?«

»Und du bist ziemlich undankbar. Willst du mir nicht mal danke sagen? Dein Freund hat es geschafft, dieser unbezähmbaren Bestie die goldenen Zügel anzulegen, schau doch!«

»Lass mich das lieber in einer vertraulichen Unterhaltung auf Pegasianisch regeln …«

Ich ließ Bruno und Samba stehen und ging los, um mit diesem einzigartigen Pferd zu reden.

»Ich brauche deine Hilfe, Pegasus. Mein Opa ist verschwunden, und ich muss mit Zeus reden. Kannst du mich vielleicht zum Olymp bringen?«

Pegasus schien mich tatsächlich zu verstehen,

denn er wieherte und schüttelte den Kopf. Ich redete trotzdem weiter: »Vielleicht hat schon manch einer versucht, dich zu zähmen, und vielleicht wollte sogar jemand für immer dein Herr sein. Doch wir wollen dir nichts Böses. Sobald wir auf dem Olymp angekommen sind, nehme ich dir die Zügel ab und du bist wieder vollkommen frei. Versprochen!«

Pegasus gab einen Seufzer von sich, und ich schaffte es, seine Ohren zu streicheln. Währenddessen hörte ich, wie Bruno mit Tiresias sprach: »Pina ist verrückt geworden. Denk doch bloß, wenn ein Pferd verstehen könnte, was ein Mensch sagt.«

»Immerhin hat sie aus der Quelle getrunken, hast du das vergessen?«, gab Tiresias zu bedenken.

»Wenn dieses Wasser magische Kräfte besitzt, muss ich das genauer erforschen. Hast du irgendein Gefäß in deiner Supertasche, Pina?«

Während Bruno Wasser für seine Experimente in das Fläschchen abfüllte, das ich ihm gab, versuchte ich weiter, Pegasus zu überreden, dass er uns zum Olymp brachte.

»Ich kann mir vorstellen, dass die Reise ziemlich lang ist, aber ich weiß, dass du ständig zum Olymp fliegst, um Zeus Blitze zu bringen, stimmt's?

Wir wollen doch bloß auf dem Hinweg mitfliegen, bitte …«

Plötzlich sah ich, wie das Pferd sich hinlegte, damit wir aufsteigen konnten.

»Oh, das ist wirklich sehr nett von dir. Vielen Dank, Pegasus. Kommt alle her, es geht los!«

Bruno kam völlig verblüfft angerannt, um aufzusteigen.

»Bei Gelegenheit musst du mir Pegasianisch beibringen«, scherzte er.

Ich streckte ihm meinen Arm hin, und er stieg auf das riesige Pferd, mit Samba im Schlepptau. Tiresias kam ebenfalls begeistert herbeigelaufen. Bloß Helena schien sich zu fürchten.

»Komm, Helena. Wir passen alle hier drauf«, rief ich.

»Der Olymp ist sehr weit weg, das ist zu gefährlich.«

Da schaute Tiresias sie an und sagte in seiner ruhigen und bestimmten Art: »Dies ist eine einmalige Chance, Helena. Du lässt dir das besser nicht entgehen. Komm schon!«

Nachdem alle aufgestiegen waren, ließ ich die goldenen Zügel etwas lockerer, damit Pegasus Anlauf nehmen konnte für den Flug.

»Wo genau ist eigentlich der Olymp?«, wollte Bruno wissen.

»Auf dem Dach der Welt, über den Wolken«, sagte Tiresias.

»Oh, ich hätte mir nie vorgestellt, dass ich mal so weit reise!«, rief Helena.

»Wie wäre es, wenn du dir von jetzt an noch ein bisschen mehr vorstellst?«, scherzte ich.

Pegasus galoppierte jetzt ganz schnell, immer schneller, bis er abhob und wir durch die Luft flogen.

Muskeln und Knochen

Wie schön die Welt von oben aussieht! Die Menschen werden ganz klein, die Häuser sehen aus wie Spielzeug, nur die Berge und das Meer sind immer noch riesig. Je höher wir kommen, umso unendlicher wirkt das Universum. Über den Wolken herrscht ewige Stille, eine unbeschreibliche Ruhe. Während wir mit Pegasus durch die Luft schwebten, hörten wir nur das Geräusch seiner Flügel im Wind. Nachdem wir über alle Berge geflogen und alle Wolken unter uns gelassen hatten, sahen wir zwei gigantische Türme und einen riesigen Palast im Himmel schweben. Das konnte nur der Olymp sein.

»Das ist wirklich unglaublich!«, rief Bruno, dem vor Staunen der Mund offenstand.

»Erst jetzt, wo wir hierhergekommen sind, kannst du es glauben, stimmt's?«, scherzte ich.

Wir waren alle verzaubert und bewunderten dieses riesige Bauwerk, als wir plötzlich von merkwürdigen fliegenden Fischen umzingelt waren.

»Weg da, haut ab!«

Vergeblich versuchte ich, die Fische zu verscheuchen. Mein Kater, verfressen wie immer, konnte nicht widerstehen, als er die vielen Fische sah, und sprang aus meiner Tasche mitten ins Nichts.

»Samba, komm zurück!«, schrie ich erschrocken.

Doch es half nichts. Er konnte nicht fliegen und stürzte ab. Während ich mir die schlimmsten Dinge ausmalte, die meinem kleinen Kater passieren konnten, wieherte Pegasus und bäumte sich auf, weil er vor den fliegenden Fischen erschrak, und uns blieb keine Zeit, uns festzuhalten, damit wir nicht hinunterfielen. Wir rutschen von dem geflügelten Pferd und stürzten ebenso ins Leere. Zum Glück landeten wir auf weichen Wolken, wo Samba schon ausgelassen hin und her sprang. Gleich darauf fielen die goldenen Zügel herunter und landeten direkt neben mir, und ich wusste, dass Pegasus wieder frei war und durch die Lüfte flog. Als wir aufstanden, sahen wir einen sehr starken Mann auf uns zukommen, fast so groß wie ein Riese. Er fragte: »Seid ihr zu den Olympischen Spielen gekommen?«

»Äh, ja, genau. Aber wir haben noch keine Eintrittskarten«, schwindelte ich.

»Aber ihr seid keine Götter, oder?«

»Nein. Eigentlich sind wir gewöhnliche Sterbliche. Und Sie?«

»Erkennt ihr nicht meinen Bizeps und meinen Trizeps?«

Bruno ärgerte sich über den Kraftprotz und flüsterte mir ins Ohr: »Wer ist denn dieser Angeber?«

Plötzlich sprang Helena mit leuchtenden Augen auf und schüttelte die Hand des Fastriesen mit einem breiten Lächeln: »Bei Zeus, Ihr könnt nur der große, riesige, kolossale Herkules sein!«

»Höchstpersönlich. In Muskeln und Knochen. Sehr erfreut!«

»Ich bin entzückt, Ihre Bekanntschaft zu machen«, sagte Helena und wollte die Hand ihres Lieblingshelden gar nicht mehr loslassen.

Helenas Bewunderung war nur allzu verständ-

ΗΡΑΚΛΗΣ

Dinge, die mein Opa über Herkules erzählte

Er ist der Sohn von Zeus und der Sterblichen Alkmene.
Ich glaube, er ist ein Halbgott.
Auf Griechisch heißt er Herakles.
Er ist unglaublich stark, voller Muskeln und Narben. Und sehr groß, fast ein Riese.
Zu seinen zwölf Arbeiten gehören die Tötung des nemëischen Löwen und der Sieg über die schreckliche Hydra von Lerna.
Daraufhin wurde er der größte Held Griechenlands.
Helena ist verknallt in ihn …

lich, schließlich war Herkules tatsächlich der stärkste und muskulöseste Mann, den ich je in meinem Leben gesehen hatte. Er hatte etliche Narben am ganzen

Körper, und seine Adern sahen aus, als wollten sie jeden Moment unter der Haut hervorspringen. Und das war so, weil er, wie mein Opa mir erzählt hatte, ganz allein die berühmten zwölf Aufgaben bewältigt hatte. Er tötete den nemëischen Löwen und machte der schrecklichen neunköpfigen Schlange Hydra den Garaus. Wegen dieser und weiterer Großtaten gilt er bis heute als der größte griechische Held aller Zeiten.

Als sie schließlich die Hand ihres geliebten Herkules losließ, kam Helena zu mir und sagte ganz leise: »Er ist wunderschön, absolut perfekt, findest du nicht?«

»Meinst du nicht, dass er auch ein paar kleine Fehler hat, Helena? Aber ja, er ist wirklich sehr beeindruckend«, musste ich zugeben.

Der Göttervater

Ich hatte schon so viel über Herkules gehört, dass ich jetzt das Gefühl hatte, vor einem alten Bekannten zu stehen. Deshalb erzählte ich ihm jetzt völlig ungeniert von unserer Suche.

»... und so sind wir hierhergekommen. Jetzt müssen wir nur noch mit Zeus reden und ihn um Hilfe bitten, damit wir meinen Opa finden.«

»Es ist nicht leicht, mit Zeus zu sprechen. Aber ich werde euch helfen, in den Olymp zu kommen. Ich habe noch Eintrittskarten für die Spiele übrig, und ihr könnt mich bei dem großen Wettlauf anfeuern.«

Da raunte Bruno, der schon völlig von Herkules genervt war, mir zu: »Das wollen wir doch mal sehen, ob ich ihm die Daumen halte. Was für ein eingebildeter Kerl!«

Helena dagegen schien bereit, Herkules bis ans Ende der Welt zu folgen. Die beiden gingen los, und ehe wir uns recht versahen, betraten sie schon den Olymp. Eilig rannten wir hinterher und sahen die mit

Pfeil und Bogen bewaffneten Zentauren, die die Tore bewachten.

»Sind diese Wachen Menschen oder Tiere?«, wollte Bruno von Tiresias wissen.

»Halb Tier, halb Mensch«, antwortete Tiresias, als sei es das Normalste von der Welt, dass einem ein Zentaur über den Weg lief.

Herkules gab den Zentauren die Eintrittskarten, und wir betraten den Olymp.

Dort drinnen schien alles aus Wolken gemacht. Es gab riesige Spielfelder und gigantische Tribünen um die Rennbahnen herum. Die olympischen Wettkämpfe fanden an allen Ecken und Enden statt. Auf der einen Seite trat der Gott Apollon gegen den

Eintrittskarte für den Olymp

ΚΕΝΤΑΥΡΟΣ

Was mein Opa über die Zentauren erzählt hat

Halb Pferd, halb Mensch.
Ich glaube, Zentaurinnen gibt es nicht.
Manche sind zahm, andere wild.
Sie lieben Wein.
Ein berühmter Zentaur namens Cheiron verwandelte sich nach seinem Tod in ein schönes Sternenbild.

Gott Ares zum Boxkampf an. Auf der anderen Seite kämpfte die Göttin Diana im Bogenschießen gegen Hippolyta, die Königin der Amazonen. In der Mitte des Olymps lag die Hauptrennbahn, wo Herkules gegen seine Kontrahenten antreten würde.

Götter, Halbgötter, Nymphen, Zentauren und andere seltsame Wesen saßen nebeneinander auf den Tribünen. Wir gingen zu unseren Plätzen, und ich war begeistert von diesem Stadion aus Wolken. Die Sitze waren unglaublich weich, ganz anders als in den Stadien, die wir kannten. Auf einer großen Wolke über den Rängen erblickten wir zwei Throne, auf denen Zeus und Hera sitzen würden. Ganz in der Nähe legten einige Nymphen köstliche Speisen aus: Honigwaben, getrocknete Aprikosen, Weintrauben, mit Käse gefüllte Oliven … Außerdem entdeckte ich eine prachtvolle Süßspeise in einer Kristallschüssel, bei der mir das Wasser im Mund zusammenlief. Na-

ΟΛΥΜΠΟΣ

Olymp

Tempel aller Götter. Das Dach der Welt.
Es ist beinahe unmöglich, dass ein Sterblicher in den Olymp gelangt, das geht einzig und allein mit Hilfe von Pegasus.
In Griechenland gibt es auch den Berg Olymp, der über 2900 Meter hoch ist.
Vielleicht kann man von dort die Götter sehen!

türlich hatte mein verfressener Kater diese wunderbare Speise auch schon entdeckt. Er miaute und leckte sich den Schnurrbart.

»Du hast recht, Samba, das sieht köstlich aus! Was ist das für eine Süßspeise dort in der Kristallschale, Tiresias?«

»Das ist Ambrosia, Pina. Nur die Götter und deren Auserwählte dürfen davon essen …«

»Ambrosia? Die Speise, die Unsterblichkeit verleiht?«

»Genau die!«

»Mein Opa hatte versprochen, mir ein bisschen davon mitzubringen«, sagte ich.

»Das ist nichts für Leute wie uns. Nur wer Heldentaten begeht wie Herkules und von den Göttern auserwählt wird, darf Ambrosia essen und unsterblich werden«, sagte Helena.

»Aber wenn ich könnte, würde ich ein bisschen davon für meinen Opa und alle anderen aus meiner Familie mitbringen! Stell dir mal vor, du kannst ewig leben!«, erwiderte ich.

Oberhalb der Tribüne entdeckte Bruno ein Fenster, durch das man nach draußen sehen konnte, und stieß mich aufgeregt an: »Schau nur, Pina. Man kann von hier aus die ganze Welt sehen!«

Ambrosia

Speise, die nur Götter essen dürfen.
Hat göttliche Kräfte.
Verwandelt Sterbliche in Unsterbliche.
Leuchtet von weitem.
Ich muss unbedingt ein bisschen von dieser Speise mit nach Hause nehmen!

»Das ist ja unglaublich! Ob ich von hier aus meinen Opa entdecken kann?«

Zusammen versuchten Bruno und ich, zu erkennen, was *was* war in dieser riesigen Welt. Wir konnten die Akropolis, den schiefen Turm von Pisa, den Eiffelturm, die Freiheitsstatue, die Chinesische Mauer und sogar die Christus-Statue in Rio de Janeiro erkennen. Aber wir konnten keine Menschen sehen.

»Ob Zeus wohl die Menschen von hier oben erkennen kann?«, überlegte ich.

»Er hat ganz besondere Augen. Mit dem schwarzen sieht er in der Nähe gut, und mit dem blauen kann er unglaublich weit in die Ferne sehen«, erzählte Tiresias.

»Wow! Zeus hat verschiedenfarbige Augen? Ich muss ihn unbedingt kennenlernen!«, rief ich und platzte beinahe vor Neugierde.

Genau in diesem Augenblick zog ein eisiger Wind durch meinen ganzen Körper, und es erschien eine silbrige Wolke in der Mitte des olympischen Stadions. Darin tauchte ein Mann mit weißen lockigen Haaren auf, der ein schwarzes und ein blaues Auge hatte. Es war Zeus höchstpersönlich! Direkt vor unserer Nase.

Für ein bisschen Ambrosia

Um ganz ehrlich zu sein: Zeus ist nicht gerade eine Schönheit. Doch wenn er plötzlich auftaucht, kann niemand den Blick von ihm wenden. Einige Minuten lang schwiegen alle in den Rängen, während er eine Runde durch das Stadion drehte, Besucher begrüßte und allen zunickte.

In Gegenwart dieses so mächtigen Gottes wusste ich nicht so recht, was ich tun oder sagen sollte. Aber schließlich war ich hergekommen, um ihn um Hilfe zu bitten. Also sprang ich auf und stellte mich vor, als er an uns vorbeiging: »Hallo, Zeus. Wie geht's? Ich bin Pina. Ich bin hierhergekommen, weil ich dich um etwas bitten wollte und …«

Noch bevor ich mich richtig vorstellen konnte, spürte ich plötzlich den spitzen Absatz einer Stöckelsandale auf meinem Fuß.

»Autsch! Vorsicht!«, schrie ich, außer mir vor Schmerz.

Die Besitzerin der Sandalen hatte stechende

ZEYΣ

Zeus

Er ist der Gott aller Götter.
Unendlich mächtig.
Hat zwei verschiedenfarbige Augen: mit dem einen sieht er in der Ferne gut, mit dem anderen in der Nähe.
Er sieht aus, als hätte er Glitzerstaub auf dem Körper, denn er schimmert ganz silbrig.
Lässt Blitze aus seinen Fingern schießen.
Man kann sich schon ein wenig vor ihm fürchten.
Er ist absolut unsterblich.
Befiehlt, wie es ihm gefällt, und sein Wille geschieht.
Er muss mir dabei helfen, meinen Opa zu finden!!!

schwarze Augen, aus denen die ganze Zeit kleine Pfeile hervorschossen.

»Lass Zeus in Ruhe, hast du verstanden?!«

Ich dachte mir, dass das eine sehr mächtige Göttin sein musste, und genau das bestätigte mir Tiresias sogleich.

»Das ist Hera, Pina. Verbeuge dich vor ihr und halt den Mund.«

»Was für eine furchterregende Göttin, flüsterte ich.

»Sie ist die Frau von Zeus, die eifersüchtigste Göttin der Welt.«

»Wie seltsam. Ich wusste gar nicht, dass Götter eifersüchtig sein können.«

»Götter haben alle möglichen Gefühle: Eifersucht, Liebe, Neid und sogar Wut«, erklärte Tiresias.

Zeus und Hera saßen mittlerweile auf ihren Thronen am anderen Ende des Stadions.

Von seinem gewaltigen Thron aus schlug Zeus seinen großen Gong und verkündete mit durchdringender Stimme:

»Gleich fängt das große Rennen an! Die tapfersten Athleten sollen sich in der Mitte des Stadions versammeln.«

Dann sahen wir, wie Herkules unter tosendem Applaus hereinrannte. Helena sprang begeistert auf und rief: »Du hast schon gewonnen, Herkules. Du bist einfach klasse!«

»Nun trag mal nicht so dick auf, Helena«, meinte Bruno, der ihre Bewunderung ein bisschen übertrieben fand.

Auch ein Zentaur trat an, doch gegen Herkules schien er nicht die geringste Chance zu haben. Plötzlich tauchte jedoch ein Kontrahent auf, der ein würdiger Gegner für den großen Helden war: Der Gott Hermes, der in die Mitte des Stadions geflogen kam, leicht und locker, mit seinen geflügelten Sandalen.

Als er diese Sandalen mit Flügeln sah, war Bruno begeistert: »Was für phantastische Sandalen! Ich könnte ja mal ein paar fliegende Turnschuhe erfinden, was meinst du?«

Zeus

ΕΡΜΗΣ

Hermes

Bote des Zeus.
Gott der Händler und der Diebe.
Sohn von Zeus und Maja.
Baute mit einem Schildkröten-
panzer die erste Leier der Welt.
Trägt unglaubliche geflügelte
Sandalen.

»In Ordnung, aber diesmal testest du deine Erfindung selber, abgemacht?«, scherzte ich.

»Wie ungerecht, dass Hermes geflügelte Sandalen benutzt. Ich wette, Zeus wird das nicht erlauben für das Wettrennen«, schimpfte Helena verärgert.

»Ich glaube, bei diesem Rennen sind sogar Hufeisen erlaubt, seht nur«, erwiderte Tiresias und zeigte auf einen Zentauren, der gerade seine vier Beine warm machte.

Zeus schlug abermals den Gong,

entrollte ein Pergament und las die Wettkampfregel vor:

»Beim Olympischen Rennen ist alles erlaubt. Man darf geflügelte Sandalen verwenden und auf vier Beinen laufen. Jeder Läufer muss einem fliegenden Fisch folgen, bis er ihn fangen kann. Wer hinfällt, ist ausgeschieden. Und wer aus den Wolken stürzt, kann leider keine Hilfe bekommen. Seid vorsichtig, die Rennbahn bewegt sich!«

»Was für ein kompliziertes Rennen«, rief Bruno.

»Scheint wirklich sehr schwierig zu sein. Was bekommt eigentlich der Sieger?«, wollte ich wissen.

»Ein Schälchen mit Ambrosia. Außerdem hat er bei Zeus einen Wunsch frei«, sagte Tiresias.

Als er das hörte, streckte Samba seinen Kopf aus meiner Tasche und leckte sich wieder die Barthaare, während er von der Speise der Götter träumte.

»Ein Schälchen Ambrosia!«, rief Bruno.

»Einen Wunsch an Zeus«, jubelte ich.

»Wir müssen es versuchen«, sagten Bruno und ich gleichzeitig.

»Seid ihr verrückt? Ihr habt nicht die geringste Chance!«, schrie Helena, nervös wie immer.

Doch wir hörten gar nicht auf sie und rasten zur Rennbahn. Das war unsere einzige Chance!

Brunos nächste Erfindung

Riskantes Wettrennen

Als wir zur Rennbahn kamen, dachte Herkules, wir wollten ein Autogramm. Der große – und eingebildete – Held konnte es kaum glauben, als wir sagten, dass wir auch am Wettkampf teilnehmen wollten.

»Dieses Rennen ist für Unsterbliche! Es ist lebensgefährlich! Geht zurück zur Tribüne!«, polterte er.

»Ich muss es versuchen. Es ist meine einzige Chance, damit ich einen Wunsch bei Zeus frei habe und meinen Opa wiederzufinden, sagte ich.

»Gut, aber ich habe euch gewarnt. Wenn ihr von der Bahn fallt, adieu!«, gab er zu bedenken.

Als wir uns die Rennbahn aus der Nähe anschauten, begriffen wir das Problem: Sie bestand aus Wolken, die sich ständig hin und her bewegten. Und unter den Wolken lauerte der Abgrund. Bruno und ich schauten uns erschrocken an.

»Das ist wirklich lebensgefährlich, Pina!«

»Du musst nicht laufen, Bruno. Aber ich muss es versuchen.«

»Glaubst du, ich gebe auf? Ich denke gar nicht dran. Wir laufen zusammen!«

Es war sehr gut zu wissen, dass ich wieder auf meinen Freund für alle Lebenslagen zählen konnte. Wir lächelten uns an, hoffnungsvoll, bis wir sahen, dass die Göttin Hera im Anmarsch war.

Sie trug einen Käfig, der mit einem dunklen Tuch bedeckt war, und schaute mich herausfordernd an. Plötzlich blieb sie vor mir stehen und begann ein Verhör: »Du bist weder eine Göttin noch eine Nymphe. Was hast du hier auf dem Olymp zu suchen?«

»Also eigentlich sind wir mit Herkules gekommen«, antwortete ich nervös.

»Was für eine Dreistigkeit! Mit anderen Sterblichen, die versucht haben, hierherzukommen, hat es kein gutes Ende genommen …«

»Es ist … ich wollte Zeus um einen kleinen Gefallen bitten«, versuchte ich zu erklären.

»Warum? Erzähl mir nicht, dass du auch eine Tochter von Zeus und irgendeiner dahergelaufenen Sterblichen bist! Nicht genug damit, dass ich diesen Bastard von Herkules hier im Olymp ertragen muss, und jetzt auch noch das.«

Heras Bemerkung verschlug mir die Sprache! Was für eine verrückte Idee, dass ich ein Kind von Zeus sein sollte wie Herkules, Perseus oder Dionysos, man stelle sich das mal vor! Ausgerechnet ich, eine ganz gewöhnliche Sterbliche …

Wie sie bloß auf diese Idee kam? Das Schlimmste war, dass ich meinen Vater nicht kannte und ihr nichts über ihn erzählen konnte, um diese eifersüchtige Göttin zu beruhigen. Sobald ich wieder nach Hause käme, würde ich meine Mutter ausführlich über meinen wirklichen Vater befragen. Ich musste mehr über ihn erfahren.

Hera stellte sich vor die Wettkämpfer und zog das Tuch herunter, das den Käfig bedeckte, und wir sahen die fliegenden Fische, vor denen Pegasus bei unserer Ankunft im Olymp so erschrocken war. Dann plat-

HPA

Hera

Die größte aller Göttinnen im Olymp.
Sie ist die Gemahlin des Zeus, aber sie hatte keine Kinder mit ihm.
Die eifersüchtigste Person, die ich je erlebt habe. Trägt Absätze, die aussehen wie Dolche.
Ihre schwarzen Augen sind wie spitze Pfeile.
Gefährlich! Man hält besser Abstand von ihr!

zierte die Göttin einen bunten Fisch vor jeden einzelnen Wettkämpfer. Hermes bekam einen blauen. Der Zentaur einen grünen, Herkules einen roten, Bruno einen gelben, und meiner war lila.

Die seltsamen fliegenden Fische schienen auf eine Trillerpfeife zu hören, die Hera um den Hals trug. Für ein paar Sekunden standen sie direkt vor den Wettkämpfern in der Luft, indem sie ganz schnell mit den Flügeln schlugen wie Kolibris. Ich schielte noch einmal zu dem Abgrund unter den Wolken und spürte, wie meine Beine zitterten. Doch dann atmete ich tief durch und beschloss, immer nur auf den fliegenden Fisch vor mir zu schauen. Ich war durchaus nicht die Einzige, die Notiz von diesen sonderbaren Fischen mit Flügeln nahm. Sobald Zeus den Gong schlug und Hera in die Trillerpfeife blies, flogen die Fische los, jeder in eine andere Richtung, und Samba sprang aus meiner Tasche und wollte nur noch eines: sich den lila Fisch schnappen, der direkt vor unserer Nase herflog!

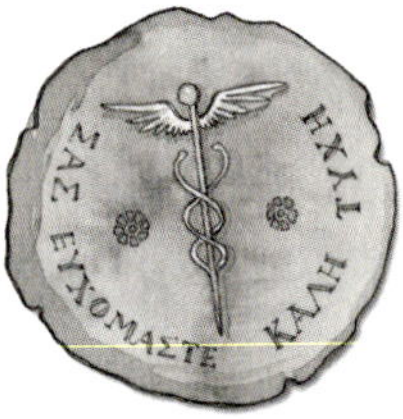

Tiresias' Glücksbringer.
Den werden wir brauchen!

Zwischen Olympiern und Unsterblichen

Sosehr ich auch nach ihm rief, konnte Samba doch seinem angeborenen Jagdinstinkt nicht widerstehen. Sobald das Rennen begann, galoppierte mein Kater hinter dem Fisch her. Bruno schaute mich an und zeterte nervös: »Dein Kater bringt den ganzen Wettkampf durcheinander.«

»Er ist verrückt nach Fisch!«

»Er ist echt total verfressen!«

Es war gar nicht so leicht, sich zu streiten, wenn der Boden sich unter den Füßen bewegte. Wir mussten versuchen, die seltsamen fliegenden Fische einzufangen, indem wir auf dieser schrecklichen Rennbahn aus schwebenden Wolken umhersprangen. Die Stimmung war zum Zerreißen gespannt.

Herkules und Hermes rannten jeder in eine Richtung und verfolgten ihre Vögel mit großen Schritten. Dieses Rennen war jedoch nicht nur ein Schnelligkeitswettbewerb, sondern auch ein Aufmerksamkeits- und Überlebenstest.

Skizze des Rennens:

»Dieser Boden bewegt sich einfach zu doll!«, schrie Bruno.

»Es ist nicht wirklich ein Boden, falls du das vergessen hast«, erwiderte ich.

»Wenn wir hinunterfallen, ist alles vorbei!«

»Dann dürfen wir eben nicht fallen!«

Zeus schien mit unseren Leben zu spielen, indem er die Wolken mal zur einen, mal zur anderen Seite bewegte. Noch dazu ließ Hera die Fische im Zickzack fliegen, und wenn es schon schwer ist, einen Fisch im Wasser zu fangen, so ist es in der Luft beinahe unmöglich. Um das Ganze noch schwieriger zu machen, teilte sich eine Wolke in zwei Hälften, als ich gerade daraufsprang, und ich wäre beinahe vom Olymp gefallen.

»Spring auf die Wolke genau nebenan!«, schrie Bruno.

Erst da sah ich, wie eine weitere Wolke heranschwebte. Doch die Wolke, auf der ich stand, schaukelte wie ein kleines Boot bei einem Sturm auf hoher See. Voller Angst begann ich, mir selbst Mut zu machen: »Ich werde nicht fallen, ich werde nicht fallen.«

Schließlich gelang es mir, auf die andere Wolke zu springen, und ich atmete für ein paar Sekunden erleichtert auf. Dabei war mir nicht in den Sinn gekommen, dass ich die Bahn eines anderen Konkurrenten besetzt hatte: Herkules! Plötzlich erblickte ich eine Rakete, die blitzschnell auf mich zuraste und mich zur Seite warf. Dem größten Helden Griechenlands war es völlig egal, wer sich ihm in den Weg stellte: Er rannte mich einfach über den Haufen.

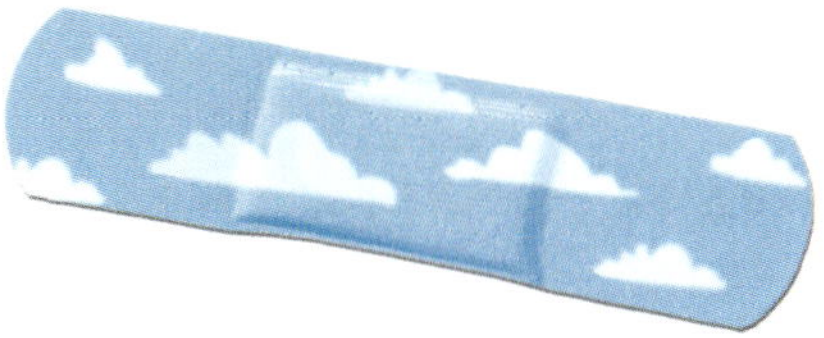

Göttliches Pflaster!

Auf der Reservebank

Vor lauter Schmerzen in den Beinen und im Rücken konnte ich kaum aufstehen. Zum Glück kam Tiresias und half mir auf.

»Wir gehen zurück zur Tribüne, Pina. Gib mir deine Hand.«

»Ich kann nicht aufgeben, Tiresias. Ich muss weitermachen, damit ich mit Zeus reden und meinen Opa wiedersehen kann!«

»Du bist hingefallen, Pina. Jetzt bist du aus dem Rennen. So sind die Regeln, tut mir leid.«

Ich ging mit ihm hinauf zur Tribüne. Mir taten alle Knochen weh, und ich machte mir schreckliche Vorwürfe: »Ich hätte nicht versagen dürfen, auf gar keinen Fall!«

»Ich habe dich gewarnt«, sagte Helena, als sie mich kommen sah.

»Fast alle Wettkämpfer hier sind Götter, Pina. Und du bist nur ein Mensch.«

»Ja, und ich finde es ziemlich doof, nur ein Mensch

zu sein! Wenn ich wenigstens die Tochter von Zeus wäre. Stell dir mal vor!«

»Aber du bist bloß eine Sterbliche, gib dich damit zufrieden, Pina! So ist es und damit basta!«, erwiderte Helena.

»Ich gebe mich nicht zufrieden und damit basta!«, grummelte ich.

Tiresias lächelte mich in seiner netten Art an und sagte: »Ein Gott zu sein ist furchtbar mühsam. Wusstest du, dass Götter niemals Ferien haben?«

»Du machst Witze. Dürfen sie sich wirklich nie ausruhen? Machen sie denn noch nicht einmal einen kurzen Urlaub?«

»Nie! Sie haben keinen einzigen freien Tag!«

»Die Armen. Sie müssen furchtbar gestresst sein«, scherzte ich.

Tiresias und ich schütteten uns aus vor Lachen. Mir tat immer noch alles weh, aber Lachen war einfach die beste Medizin.

Nach dieser Unterhaltung konnte ich mich schon viel besser damit abfinden, dass ich eine einfache Sterbliche war. In einem hatte Helena recht, das musste ich ihr lassen: Nie hätte ich die Widerstandskraft dieser Götter und Helden, nie wäre ich wie sie. Ehrlich gesagt, wusste ich gar nicht, wie Bruno diese

Götter : Menschen
sind unsterblich (!) – müssen sterben
arbeiten ständig – haben Ferien (!)

Ergebnis: 1:1 – unentschieden!

so schwierige und gefährliche Prüfung ertrug. Ich konnte ihm nur die Daumen drücken: »Lauf, Bruno! Du schaffst es!«, schrie ich ganz laut.

»Lauf Herkules! Du bist der Beste!«, brüllte Helena.

Ich wollte einfach ganz fest daran glauben, dass Bruno noch eine Chance hatte, doch meine Hoffnung währte nicht lang. Plötzlich flog sein Fisch auf die Bahn von Hermes, und als mein Freund versuchte, ihm zu folgen, verpasste der Gott mit den geflügelten Sandalen ihm einen kräftigen Fußtritt. In dem Durcheinander stolperte Bruno und hing nur noch mit den Händen am Rand einer Wolke. Ich war völlig verzweifelt.

»Halt dich gut fest, Bruno. Lass die Wolke auf keinen Fall los!«

»Bei Zeus! Wenn er fällt, ist es aus mit ihm!«, sagte Helena erschrocken.

Herkules rastet aus

Als ich Bruno an der Wolke hängen sah, lief ich, so schnell ich konnte, zur Rennbahn. Dort angekommen, konnte ich ihn an einer Hand festhalten, aber ich muss zugeben, dass ich schreckliche Angst hatte, meinen Freund zu verlieren.

»Du schaffst das, Bruno! Komm schon!«

»Ich falle, Pina. Es war schön, dein Freund zu sein … Tut mir leid, dass ich dich habe hängen lassen, neulich bei der Ermittlung in unserem Haus.«

»Du kannst aufhören mit deinen Abschiedsreden. Du bist mein bester Freund und wirst es immer bleiben!«

»Bist du nicht mehr sauer auf mich?«

»Natürlich nicht. Und jetzt komm bitte wieder hoch!«

Irgendwie schaffte ich es, Bruno hochzuziehen, und wir legten uns erschöpft auf den weichen Boden und waren völlig außer Puste. Nach einiger Zeit schaute mich Bruno ganz seltsam an, sah mir tief in die Augen und strich mir übers Haar. Doch plötzlich wurden wir von einem tierischen Schrei unterbrochen: »Aus dem Weg!«

»Verflixt! Wir sind auf der Bahn des Zentauren!«, schrie Bruno ängstlich.

»Wir müssen hier abhauen«, sagte ich und sprang auf die nächste Wolke.

Zum Glück konnten wir gerade noch aus dem Weg springen, bevor der Zentaur uns mit seinen Hufen zermalmte. Wir gingen zurück zur Tribüne und ärgerten uns, dass wir die Chance verspielt hatten, mit Zeus zu sprechen und das Ambrosia der Götter zu probieren. Immerhin waren wir noch am Leben.

Ich beschloss, ein paar Oliven zu essen, und plötzlich fiel mir ein, dass ich den verfressenen Samba auf der Rennbahn vergessen hatte.

»Ich muss meinen Kater zurückholen!«

»Tu das nicht! Er schlägt sich immer noch sehr gut in diesem Rennen«, meinte Tiresias.

Jetzt erst sah ich, dass Samba Seite an Seite mit Herkules lief. Ich konnte kaum glauben, dass er mit den Göttern um die Wette rannte. Das war phantastisch! Begeistert sprang ich von meinem Sitz auf und feuerte ihn an: »Lauf, Samba! Gib alle Kraft in deine Pfoten!«

Helena schaute uns an, als wären wir verrückt geworden.

»Katzen dürfen nicht teilnehmen. Das ist ein ernsthaftes Rennen.«

»Wenn Zentauren mitmachen dürfen, warum dann nicht auch Katzen?«, fragte ich.

»Jaaaa! Gib alles, Samba!«, schrie Bruno.

Helena hielt natürlich weiter zu Herkules und schien sich über uns alle zu ärgern. Es war ein richtiges Kopf-an-Kopf-Rennen, als plötzlich einige schrille Pfiffe aus Heras Pfeife erschollen. Die Gattin des Zeus hielt ganz eindeutig zu Hermes und lies die fliegenden Fische des Zentauren und von Herkules über Kreuz fliegen. In diesem Drunter und Drüber wurde den beiden Wettläufern schwindelig, und es gab einen heftigen Zusammenstoß. Am Ende hing Herkules in der Luft, weil der Zentaur ihm einen kräftigen Tritt versetzt hatte. Eine Katastrophe! Herkules zog sich wieder nach oben auf die Wolke und traktierte, außer sich vor Wut, den Zentauren mit Tritten, bis er dem armen Kerl alle Knochen gebrochen hatte. Schrecklich! Und als ob das nicht genug wäre, beförderte er das arme Geschöpf auch noch in den Abgrund.

»Was für ein Wahnsinn! Was ist denn mit dem los?«, fragte ich Tiresias schockiert.

»Herkules ist verrückt geworden. Er benimmt sich wie ein wildes Tier …«, murmelte Bruno.

Helena hatte es fast die Sprache verschlagen. Sie war schockiert und restlos enttäuscht von ihrem großen Helden. Unterdessen versuchte Tiresias, uns Herkules' unbegreifliches Verhalten zu erklären: »Hera ist angeblich wütend auf Herkules, weil er ein Sohn von Zeus und einer Sterblichen ist. Deshalb wirft sie manchmal einen unsichtbaren Schleier über ihn, so dass der Held vollkommen ausrastet«, erzählte Tiresias.

»Ganz schön billig, die Götter dafür verantwortlich zu machen. Er hat einfach etwas Entsetzliches getan«, erwiderte Bruno.

»Hera ist also so eine Art böse Stiefmutter, die Herkules hasst und die Macht besitzt, ihn verrückt zu machen?«

»Ja, leider, Pina«, bestätigte Tiresias.

»Diese Göttin ist ja gemeingefährlich«, rief ich.

»Auf diese Weise konnte es auch passieren, dass Herkules seine eigenen Kinder umbrachte. Hera hatte den Schleier des Wahnsinns über den Helden geworfen, und er brachte seine drei Kinder um, weil er dachte, es wären drei Drachen«, fuhr der alte Weise fort.

»Was für eine griechische Tragödie! Ich wusste nicht, dass er so etwas Schreckliches getan hat!«

»Dieser Herkules ist wirklich total durchgedreht!«, beharrte Bruno empört.

»Das kann gar nicht sein …«, murmelte Helena.

»Und um den Mord an seinen Kindern wiedergutzumachen, verrichtete Herkules die zwölf Arbeiten. Damit die Götter ihm sein grauenvolles Verbrechen verziehen.«

»Sieht ganz so aus, als hätte er nach allem, was er dem Zentauren angetan hat, noch ein paar weitere Arbeiten zu erledigen«, meinte ich.

Die zwölf Arbeiten des Herkules

1. Er erwürgte den Nemëischen Löwen.
2. Er tötete die neunköpfige Hydra von Lerna.
3. Er fing die Kerynitische Hirschkuh ein.
4. Er fing den Erymanthischen Eber lebend ein.
5. Er mistete in nur einem Tag die Rinderställe des Augias aus.
6. Er verjagte die Stymphalischen Vögel.
7. Er bändigte den Kretischen Stier.
8. Er zähmte die Rosse des Königs Diomedes.
9. Er holte den Gürtel der Amazonenkönigin Hippolyte.
10. Er raubte das Vieh des Riesen Geryon.
11. Er pflückte die goldenen Äpfel der Hesperiden.
12. Er beherrschte den schrecklichen Zerberus.

Heldentag

Die Geschichte von Herkules war wirklich traurig, und wir hätten noch stundenlang über diesen großen Helden reden können, wenn nicht etwas höchst Erstaunliches passiert wäre: Samba versuchte immer noch, seinen fliegenden Fisch zu schnappen, während Hermes locker und leicht über den Wolken schwebte und den seinen schon beinahe gepackt hatte. Wenn alles so weitergelaufen wäre, hätte der Gott mit den geflügelten Sandalen bald seinen Fisch zu fassen bekommen und somit das Rennen gewonnen. Doch weil er Samba davonjagen wollte, wendete er einen Fußballertrick an: Er stellte seine Sandale bereit, als würde er einen Freistoß vorbereiten, und trat meinem Kater direkt in den Bauch. Der kugelte wie ein Fußball in der Luft herum. Ich wollte diesen Gott der Fußtritte schon heftig beschimpfen, doch dann landete Sambas Schnauze durch einen unglaublichen Zufall und mit ein bisschen göttlicher Hilfe direkt vor seinem fliegenden Fisch, und ohne mit der Wimper zu zucken, schnappte er nach dem armen Geschöpf.

Der Gott der geflügelten Sandalen war wie vom Donner gerührt, als er sah, welche Dummheit er begangen hatte. Zu allem Überfluss schimpfte ihn die Göttin Hera, die zu ihm gehalten hatte, wütend aus. Bruno, Helena, Tiresias und ich umarmten uns derweil, um diesen überraschenden Sieg zu feiern!

»Samba ist der Champion! Er ist der Größte! Samba ist unser Olympiaheld!«, jubelte ich und traute meinen Augen kaum.

»Ein echter Athlet!«, schwärmte Tiresias.

»Eins zu null für Samba!«, witzelte Bruno.

Wir liefen zum Podium, wo Samba seine Preise entgegennehmen sollte; doch als Zeus nach meinem Kater rief, um ihm den Lorbeerkranz aufzusetzen, war er verschwunden. Zeus schlug noch einmal den Gong und verkündete: »Die Siegerkatze hat einen Wunsch frei …«

Diesmal handelte ich schnell entschlossen und fragte den Göttervater, bevor wieder irgendein Schlaumeier vor mir den Mund aufriss: »Ich bin schließlich das Frauchen des Katers. Darf ich mir an seiner Stelle etwas wünschen?«

Hera blitzte mich wütend an, doch schließlich hatte Zeus über den Preis zu entscheiden. Der Göttervater lächelte mich an und sagte: »Sprich – was wünschst du dir?«

Endlich könnte ich meinen Opa finden! Ich überlegte nicht lange und bat ihn: »Ich will meinen Opa wiederfinden! Könnte der große Zeus mich zusammen mit meinen Freunden dorthin schicken, wo er jetzt gerade ist?«

»Bist du dir sicher, dass du das willst?«, fragte der mächtige Zeus.

»Ja, ganz sicher!«

»Dann macht euch bereit! Ich werde euch alle ins Königreich des Hades befördern«, sagte Zeus mit tiefer Stimme.

Hera bekam einen Lachanfall, und Helena schrie ängstlich auf: »Nein, nicht ins Königreich des Hades!«

»Ist dieses Königreich des Hades denn wirklich so schlimm?«, wollte Bruno wissen.

»Es ist das Reich der Toten!«, erklärte Tiresias.

»Das kann nicht sein!«, murmelte ich.

Es war schwer zu akzeptieren. Sollte mein Opa tatsächlich an einem so fürchterlichen Ort wie dem Reich der Toten sein? Mit zorngeröteten Augen schrie mich Helena an: »Warum denkst du nicht einfach mal nach, bevor du die Klappe aufreißt? Warum hast du nicht erst mal gefragt, wo dein Opa überhaupt ist?«

»Du bist eben manchmal ein bisschen impulsiv, Pina«, ergänzte Bruno.

Wir vier diskutierten immer noch aufgeregt, als wir plötzlich einen wütenden Schrei der Göttin Hera hörten:

»Diese Katze hat den Tod verdient!«

Da entdeckten wir, wohin Samba nach dem Rennen verschwunden war. Er hatte sein Schnäuzchen in den Topf mit Ambrosia getaucht und holte sich die Belohnung, die er am meisten ersehnte: Die köstliche Speise der Unsterblichkeit.

»Hera, die Katze hat das Rennen gewonnen und hat sich damit eine Schale Ambrosia verdient, hast du das vergessen?«, belehrte sie Zeus.

»Sie hat sich ein Schälchen verdient und nicht den ganzen Topf!«, rief die Göttin.

Dann packte Hera Samba am Schwanz und warf ihn im hohen Bogen vom Olymp herunter.

»Was hast du mit meinem Kater gemacht, du blöde Göttin?!«, schrie ich.

»Was bildest du dir ein, mir zu erzählen, was ich zu tun und zu lassen habe? Du dahergelaufene Sterbliche!«, erwiderte Hera.

Glücklicherweise hielt mich Bruno zurück, bevor ich Hera die Haare ausreißen konnte und die gefährlichste aller denkbaren Feindinnen gegen mich aufbrachte. Auch Zeus wollte das ganze Chaos nicht noch schlimmer machen und beschwichtigte seine Frau: »Ganz ruhig, meine Liebe. Sie sind praktisch schon auf dem Weg ins Reich des Hades.

»Bestens! Ich glaube kaum, dass sie je von dort zurückkehren werden!«, sagte Hera.

Bruno, Helena, Tiresias und ich schauten uns ängstlich an. Ob es möglich war, meinen Wunsch noch einmal zu ändern? Wie kämen wir nur aus dieser Sache wieder heraus?

Unterwegs ins Reich der Toten

Uns blieb gar keine Zeit, darüber nachzudenken, was im Reich des Hades passieren würde, denn sogleich zog ein fürchterlicher Sturm auf, der die Wolken des Olymp durcheinanderwirbelte. Zeus ließ uns auf eine riesige schwarze Wolke steigen und bot uns eine letzte Hilfe an: »Es war sehr mutig von euch, hierherzukommen. Nehmt dieses Spezialhalsband und versucht, Zerberus damit zu bezwingen, den Wächter des Totenreiches.«

Er wollte schon einen Blitz aus seinen Fingern schicken, doch zuvor konnte ich ihm noch eine letzte Frage stellen: »Nur noch eins, großer Zeus. Könnte ich mir vielleicht etwas anderes …«

»Ausgeschlossen! Ihr müsst jetzt sofort los!«

»Und mein Kater? Was ist mit ihm passiert?«

»Das wirst du erfahren, wenn die Zeit reif ist.«

»Wie kann ich da sicher sein?«, beharrte ich.

»Du zweifelst an Zeus' Worten?«, flüsterte Helena und zwickte mich in die Seite.

Ohne ein weiteres Wort ließ der Göttervater einen silbrigen Blitz aus seinem Zeigefinger fahren, und die schwarze Wolke, auf der wir standen, begann eine rasende Talfahrt. Es war, als ob wir in einem ungebremsten Fahrstuhl hinunterstürzten, der sich außerdem noch pausenlos drehte. Wir klammerten uns mit einer Hand an die Wolke und hielten uns mit der anderen gegenseitig fest, überzeugt, dass unser letztes Stündlein geschlagen hatte.

»Wegen dir müssen wir sterben!«, schrie Helena mich an.

»Ich weiß, ich hätte besser nachdenken sollen, bevor ich meinen Wunsch aussprach, aber ich wäre nie auf die Idee gekommen, dass mein Opa an so einem schrecklichen Ort ist.

»Ich habe ein paarmal versucht, dich zu warnen, aber du wolltest nicht auf mich hören«, sagte Bruno ziemlich nervös.

»Wie ist dieses Reich des Hades so?«, fragte ich Tiresias.

»Es ist der Ort, wo die Toten hingehen«, sagte er.

»Es ist praktisch unmöglich, von dort zurückzukommen, Pina!«, wimmerte Helena.

»Praktisch unmöglich ist dasselbe wie vollkommen unmöglich, ich hoffe …«

Während wir fielen, erzählte Tiresias, dass Persephone, die Frau des Hades, die Einzige war, die ins Reich der Toten kommen und wieder gehen konnte. Die Göttin verbrachte normalerweise den Herbst und Winter mit ihrem Mann in der Unterwelt und kehrte den Frühling und Sommer über in die Welt der Lebenden zurück.

Ich betete, dass wir noch einen Ausweg finden würden, doch die Wolke fiel und drehte sich weiter. Uns war schon ganz schwindlig und übel, als wir entdeckten, dass wir uns auf einen spitzen Stein zubewegten. Wir schrien und dachten, unser Ende wäre gekommen. Doch der Stein bewegte sich zur Seite, und ein riesiges Loch tat sich im Boden auf. Wir hielten genau darauf zu. Als wir unter der Erdoberfläche verschwanden, wurde es finster und heiß. Wir fielen immer noch eine ganze Zeit lang weiter nach unten, und ich weiß nicht, was dann passiert ist. Wir waren sehr erschöpft und müssen eingeschlafen sein.

Granatapfel, die Frucht des Hades

Der Hund mit drei Köpfen

Im Reich des Hades wurden wir von einem furchterregenden Gebell geweckt. Wir konnten fast nichts sehen, doch da fiel mir die Taschenlampe in meiner Brusttasche wieder ein. Im Lichtschein konnten wir drei tollwütige Hunde erkennen, die ganz in unserer Nähe knurrten.

»Hilfe! Drei Monster!«, rief ich erschrocken.

»Bleibt stehen! Das sind keine drei Monster. Es ist Zerberus, der grauenvolle Hund des Hades«, sagte Tiresias.

»Ein einziger Hund mit drei Köpfen?«, wunderte sich Bruno.

Plötzlich hörten wir eine unbekannte Stimme, die bestätigte: »Ganz genau. Drei wütende und gefährliche Köpfe!«

Ich muss zugeben, dass ich vor Schreck erstarrte. Wem gehörte nur diese Stimme? War sie von einem Lebenden oder einem Toten? Ich drehte mich um und sah, wie die Gestalt eines Mannes auf uns zukam, der eine dunkelhaarige Frau auf den Armen trug.

»Wer seid ihr?«, fragte ich neugierig.

»Ich bin Orpheus, und das ist … das war meine Frau Eurydike. Ich bin hergekommen, um den Gott der Toten anzuflehen, dass er ihr das Leben zurückgibt.«

Eurydike

Als ich das hörte, schöpfte ich Hoffnung und sagte: »Ich muss auch mit ihm reden. Wie können wir diesen Gott der Toten finden?«

»Das ist gar nicht so leicht. Zuerst müssen wir Zerberus überwältigen, den Wächter des Hades. Dann müssen wir den Fluss Styx überqueren und ans andere Ufer gelangen.«

Orpheus

Kaum hatten wir den Namen des tollwütigen Hundes ausgesprochen, hörten wir wieder sein Gebell, diesmal deutlich näher.

»Er hat das Licht gesehen. Jetzt kommt er hierher«, sagte Orpheus nervös.

»Jetzt mach schon die Taschenlampe aus!«, brüllte Helena panisch.

»Wirf ihm die Lampe zu. Wie einen Knochen«, schlug Bruno vor.

Ich warf mit der Taschenlampe nach Zerberus, und während sich die drei Köpfe des Monsters darum stritten, erinnerte sich Bruno an das Spezialhalsband, das wir von Zeus bekommen hatten. Wir zeigten es Orpheus, der Eurydike vorsichtig auf dem Boden ablegte und sich zu dem dreiköpfigen Hund schlich. Bruno und ich gingen ihm hinterher und entdeckten, dass der Wächter des Hades einen Schwanz mit einer scharfen Eisenspitze hatte, die sich unaufhörlich hin und her bewegte.

»Vorsicht vor seinem Schwanz«, schrie ich Orpheus nervös zu. Orpheus war schnell, und es gelang ihm, das erste Halsband zu befestigen. Dann nutzte Bruno einen Moment, in dem die anderen beiden Köpfe sich gegenseitig ablenkten, und schob das zweite Halsband über einen weiteren Kopf. Der dritte Kopf war zwischen den beiden anderen, doch weil Zerberus' Schwanz unablässig wie eine Peitsche hin und her schlug, gelang es mir nicht, mich der Bestie zu nähern. Bruno und Orpheus zogen mit aller Kraft an ihren Halsbändern, und ich überlegte nicht lange

Zerberus

Hund mit drei Köpfen!
Wächter des Reichs der Toten.
Hat einen gefährlichen spitzen Schwanz.
Hat furchtbar viele scharfe Zähne!
Er ist wie ein schreckliches Monster!
Schauderhaft!

und sprang auf den Rücken des Ungeheuers und legte ihm das dritte und letzte Halsband an. Uff! Das Monster war besiegt! Wir hielten die Halsbänder fest und gingen zurück zu Helena und Tiresias. Zerberus konnte jetzt weder fliehen noch jemanden beißen.

Nachdem wir die Bestie unter Kontrolle gebracht hatten, beorderte uns Orpheus zur zweiten Etappe der Reise:

»Jetzt müssen wir das Boot rufen und den Fluss überqueren.«

»Ich gehe auf gar keinen Fall!«, entschied Helena.

»Geht nur, ich bleibe mit Helena hier und passe auf Zerberus auf«, bot sich Tiresias an.

Da übergab Orpheus Tiresias und Helena die Griffe der drei Leinen in die Hand und sagte, dass es nicht leicht wäre, sie lange festzuhalten. Dann hob er Eurydike hoch und rief uns zu: »Kommt! Jetzt müssen wir nur noch den Styx überqueren.«

Die Überfahrt

Vom anderen Ufer des Flusses kamen nur die Toten. Mit Orpheus ins Boot zu steigen, wäre möglicherweise eine Reise ohne Wiederkehr. Deshalb zog ich Bruno, bevor wir weitergingen, in eine Ecke und sagte: »Weißt du, ich muss es einfach tun, wegen meinem Opa. Aber du musst dieses Risiko nicht eingehen. Bleib lieber hier …«

»Kommt gar nicht in Frage. Ich gehe mit dir überall hin, Pina.«

Es tat sehr gut, das zu hören. Ich drückte ganz fest seine Hand, und zusammen gingen wir den schlammigen und finsteren Weg hinunter zum Styx.

Als wir am Ufer ankamen, legte Orpheus Eurydike vorsichtig auf den Boden, zog eine Lyra hervor, begann zu spielen und sang dazu eine Melodie, die so schön und zugleich so traurig war, dass man weinen musste. Gleich darauf sahen wir ein schwarzes Boot auf das Ufer zukommen. Darin saß ein Steuermann, der einen ebenso schwarzen Umhang trug.

Sein Gesicht war unter einer großen Kapuze versteckt.

»Ob das der Gott der Toten ist?«, flüsterte ich Bruno zu.

Orpheus hörte es und erklärte, dass es Charon war, der Fährmann des Hades, der die Toten zur anderen Seite des Flusses brachte. Als das schwarze Boot anlegte, ging Orpheus zu Charon und verlangte: »Bitte, wir möchten den Gott Hades sehen!«

»Deine Stunde hat noch nicht geschlagen. Nur Eurydike kann hinüberfahren«, sagte der Fährmann.

Dann hob Charon Eurydike hoch und legte sie ins schwarze Boot. Orpheus jedoch ertrug den Schmerz nicht und wollte um jeden Preis mitkommen. Charon versuchte, dies zu verhindern, indem er Orpheus wegschob, doch unser Freund war stärker und überwältigte den Fährmann, der bewusstlos am Boden liegen blieb. Geschwind schnappte Orpheus sich das Ruder und rief uns zu: »Kommt schnell!«

Zitternd vor Angst sprangen Bruno und ich in das schwarze Boot, und Orpheus ruderte emsig gegen die starke Strömung dieses wilden Flusses.

Als wir schließlich das andere Ufer erblickten,

Das Reich des Hades

So heißt das Reich der Toten,
der finsterste Ort der Welt.
Es riecht schrecklich nach Schimmel.
Der Boden ist mit Schlamm bedeckt und
man kann ganz leicht ausrutschen.
Um mit dem Gott Hades zu sprechen,
muss man den Fluss Styx überqueren,
aber nur, wenn der Fährmann Charon es
zulässt.
An diesem Ort läuft es einem kalt den
Rücken hinunter.
Ich hoffe, dass wir von diesem Ende der
Welt wieder wegkommen!

stand der Gott des Todes schon da und erwartete uns. Er schien ziemlich verwundert zu sein: »Wie könnt ihr es wagen, in eine Welt einzudringen, zu der ihr nicht gehört?! Kehrt ganz schnell dorthin zurück, wo ihr hergekommen seid, bevor es zu spät ist!«

Hades und Persephone

Das Reich des Hades

Mehrere Fackeln beleuchteten das andere Ufer des Flusses, und wir konnten sehen, wie Hades sich auf seinen Thron setzte, neben seine Frau Persephone. Orpheus steuerte unser Boot näher zu den Göttern, verbeugte sich und flehte um Hilfe: »Großer Hades, Gott aller Toten, ich bin hergekommen, um dich zu bitten, das Leben meiner Eurydike zurückzugeben. Sie hat es nicht verdient, so früh zu sterben!«

Gott Hades stand nicht mehr von seinem Thron auf, und in seinem Gesicht war nicht die geringste Regung zu entdecken. Mit seiner tiefen Stimme befahl er: »Kehr zurück in deine Welt, Orpheus, bevor es zu spät ist!«

Als ich diese bedrohliche Stimme hörte, drückte ich Brunos Hand noch fester. Am liebsten wäre ich ganz schnell nach Hause gerannt und hätte mich unter der Bettdecke versteckt. Doch jetzt, wo wir von so weither gekommen waren, konnten wir nicht wegrennen, bevor wir meinen Opa gefunden hatten.

ΠΕΡΣΕΦΟΝΗ

Persephone

Gemahlin des Totengottes.
Diese Göttin wird mit den Zyklen der Natur in Verbindung gebracht. Die Hälfte des Jahres lebt sie bei den Toten (Herbst und Winter), die andere Hälfte unter den Lebenden (Frühling und Sommer).
Ich hätte gedacht, sie wäre hässlich, doch in Wirklichkeit ist sie sehr schön.
Sie scheint ein gutes Herz zu haben und ist sehr verliebt in den Totengott. Ich glaube, nur sie kann ihren Mann davon überzeugen, dass er Eurydike und meinen Opa gehen lässt.

Orpheus war ebenfalls fest entschlossen, seine Eurydike zurückzuholen, und die Drohung des Totengottes erschreckte ihn kein bisschen. Stattdessen änderte er seinen Plan und sprach mit der Göttin: »Große Persephone, die abwechselnd zwischen den Lebenden und den Toten wohnt, bitte hilf mir. Ohne Eurydike hat mein Leben keinen Sinn …«

Persephone und der Gott Hades schauten sich an und schwiegen für eine ganze Weile. Ich bemerkte, dass Hades seiner Frau so tief in die Augen blickte, dass er ihre Gedanken zu lesen schien. Persephone hatte einen sehr liebevollen Blick, tiefschwarze Haare und sehr weiße Hände, die ganz sanft die Hand des Totengottes berührten. Hades schien sehr verliebt in sie zu sein, und Persephone war sicher die Einzige, die sein steinernes Herz erweichen konnte.

Als sie sah, wie Orpheus weinte, war Persephone gerührt und bat ihren Mann: »Gib Eurydike eine Chance, mein Liebster. Orpheus und sie haben sich so geliebt.«

Der Gott der Toten jedoch sagte immer noch nichts. Entmutigt sank Orpheus im Boot zusammen und weinte bitterlich. Die Lage schien ausweglos, doch wir durften nicht aufgeben. Auch wenn ich wusste, dass dieser Gott praktisch nicht mit sich reden ließ, wagte ich einen Versuch: »Ich bin von weither gekommen, um meinen Opa Pedro zu finden. Ist er überhaupt hier? Kann er vielleicht mit mir nach Hause kommen?«

Es war alles vollkommen still, und Hades rührte sich nicht. Unterdessen bemerkte ich trotz der Finsternis, wie sich der Schatten eines Mannes näherte. Er hinkte wie mein Opa, kratzte sich den Bart wie mein Opa und hatte Bücher in der Hosentasche wie mein Opa! Er musste es sein. Ich traute meinen Augen kaum: »Opa Pedro!«

Ist man für immer tot?

Als ich meinen Opa Pedro direkt vor mir stehen sah, wollte ich aus dem Boot springen und hinrennen und ihn umarmen. Beinahe hätte ich das Reich der Toten betreten, als die Göttin Persephone ganz streng rief: »Spring nicht aus dem Boot! Wer dieses Reich betritt, muss für immer hierbleiben!«

»Vorsicht, Pina«, schrie Bruno.

Meine Sehnsucht war so groß, dass ich kaum hörte, was die anderen sagten. Ich wollte unbedingt meinen Opa umarmen, doch Bruno hielt mich an meinem Kleid fest.

»Lass mich los! Ich muss meinen Opa holen!«

»Hör auf damit, Pina! Willst du vielleicht sterben?«, sagte Bruno ängstlich.

Mein Opa schien so nahe zu sein, direkt dort am anderen Ufer, und ich glaubte, wenn ich mich nur ein bisschen strecken würde, könnte ich ihn berühren.

»Komm mit mir, Opa!«

»Ich kann nicht, mein Schatz! Ich kann nicht!«

»Dann bleib ich eben bei dir!«

»Nein, Pina, kommt gar nicht in Frage. Was ist bloß in dich gefahren?«

Bruno redete verzweifelt auf mich ein, doch ich hatte nur Augen für meinen Opa.

»Es geht ihr wie Odysseus beim Gesang der Sirenen: Sie ist hypnotisiert. Wir müssen dieses Mädchen mit aller Kraft im Boot festhalten, damit sie nicht hinausspringen kann!«, sagte Orpheus.

Und weil sie keine Seile hatten, um mich festzubinden, hielten Bruno und Orpheus mich an den Armen fest, während ich mit aller Kraft versuchte, aus dem Boot zu springen. In diesem Augenblick hatte ich nur einen Wunsch: Meinen Opa endlich wieder in die Arme zu schließen und ihn nie mehr loszulassen.

»Du musst wieder nach Hause kommen, Opa. Mama ist ganz traurig, sie weint die ganze Zeit! Es war nicht leicht hierherzukommen, aber jetzt bleiben wir alle für immer zusammen. Komm!«

»Es war sehr mutig von dir, hierherzukommen, mein Schatz. Aber meine Zeit ist abgelaufen.«

»Und wenn ich den Gott Hades um ein bisschen mehr Zeit für dich bitte?«

»Er ist nicht der Gott der Zeit, Pina … Aber jetzt

weiß ich, dass du die Zauberhängematte gefunden hast!«

Mein Opa wechselte jetzt das Thema.

»Die Hängematte ist unglaublich! Was für ein tolles Geschenk!«

»Mit ihr wirst du sehen, wie groß die Welt ist.«

»Wir werden alle zusammen die Welt kennenlernen, Opa! Komm schnell, steig ins Boot und lass uns nach Hause fahren.«

Dann wand ich mich und machte mich ganz lang, konnte einen Arm losreißen und, als ich dachte, dass ich meinen Opa endlich berühren könnte, stellte sich die Göttin Persephone zwischen uns.

»Er hat schon die Früchte des Hades gegessen, Pina. Er hat bereits das andere Ufer betreten und kann nicht mehr zurück. Du wirst dich damit abfinden müssen«, sagte die Göttin.

»Nein! Ich will meinen Opa zurückhaben!«

Ich brüllte, schrie, bettelte, doch es half nichts. Bruno und Orpheus hatten alle Hände voll zu tun, mich im Boot festzuhalten. Da sahen wir, wie der Gott Hades sich von seinem Thron erhob und mit seiner tiefen Stimme sprach: »Wenn ihr schon hergekommen seid, müsst ihr eines lernen: Jeder hat seine Zeit, die beginnt und endet. Nutzt eure Zeit gut, und auch die Zeit, die ihr mit euren Lieben habt, denn niemand weiß, wie viel Zeit für euch vorgesehen ist …«

Hades machte eine Geste in der Luft, und mein Opa verschwand in der Finsternis. Ich würde ihn nie wiedersehen. Nie wieder würde ich seine Geschichten hören. Ich begann zu schluchzen, und Bruno umarmte mich und sagte ganz leise: »Du wirst dich an ihn erinnern, Pina. Jedes Mal, wenn du in dieser magischen Hängematte sitzt, wird er irgendwie bei dir sein.«

Ich schaute Eurydike an, die im Boot lag, und mir wurde klar, dass Orpheus wahrscheinlich dasselbe fühlte wie ich, diesen unendlichen Schmerz, diese schreckliche Sehnsucht, die nie nachlässt …

Bruno umarmte mich, und nach und nach beruhigte ich mich wieder. Ich schaute Orpheus an und dachte an die Gesetze von Hades' Königreich. Da wurde mir klar, dass es mit Eurydike ganz anders war als mit meinem Opa: »Orpheus! Eurydike hat noch keine Früchte im Reich der Toten gegessen, oder?«

Orpheus schüttelte den Kopf, und ich brachte meinen Gedanken zu Ende: »Sie hat auch noch nicht das

Der Tod

Tut denen sehr weh, die bleiben.
Es gibt kein Zurück, jetzt weiß ich, dass er für immer ist.
Macht den Menschen ganz schreckliche Sehnsucht.
Wie viel Zeit ist für jeden Einzelnen vorgesehen?

andere Ufer des Flusses betreten. Also gibt es noch eine Chance, sie wieder mit zurückzunehmen.«

Der Gott der Toten ließ sich jedoch nicht so leicht überzeugen. Orpheus bat und beharrte, doch Hades rührte sich nicht von seinem Thron und sprach kein Wort.

»Was für ein wortkarger Gott! Mit ihm kann man wirklich gar nicht reden. Lasst uns gehen!«, sagte Bruno ärgerlich.

»Warte. Du hast alles gesagt: Reden hilft vielleicht nichts, aber …«

Dann schaute ich Orpheus an und schlug ihm ganz leise vor: »Und wenn du auf deiner Lyra spielst?«

Blick dich nicht um!

Das Reich der Toten wurde nun von den schönsten Melodien erobert, die Orpheus kannte. Bis Hades, der Gott mit dem steinernen Herzen, ganz gerührt war.

»Wie wunderschön!«, rief die Göttin der Toten.

»Welch göttliche Musik«, pflichtete ihr der mächtige Hades bei.

Da schauten Bruno und ich uns an, und wir beschlossen, unserem Freund noch ein bisschen zu helfen: »Wie schade, dass Orpheus nie wieder spielen wird. Er hat geschworen, dass er ohne Eurydike die Musik bleiben lässt«, setzte Bruno an.

»Wirklich ein Jammer. Nie wieder wird die Welt diese wunderschönen Melodien hören«, ergänzte ich.

Persephone war ganz gerührt und beschloss, noch einmal für den Musiker einzutreten. Inständig bat sie ihren Mann: »Ich bitte dich, mein Liebster, erfülle Orpheus seinen Wunsch.«

Lyra

Seiteninstrument, das mit den Fingern gespielt wird.
Sieht aus wie eine Miniaturharfe.
Der Gott Hermes soll sie erfunden und dann dem Gott Apollo geschenkt haben.
Orpheus ist zu hundert Prozent ein Mensch, aber er spielt göttlich!

»Ich kann nicht, Persephone. Du weißt …«

»Gib ihm eine Bedingung. Mach die Aufgabe schwierig, aber gib ihm eine Chance. Die Welt darf nicht ohne Orpheus' Musik sein.«

Hades konnte der lieblichen Stimme Persephones nicht widerstehen. Er erhob sich von seinem Thron und sprach: »Ich werde dir eine einzige Chance geben, Orpheus. Eurydike kann in die Welt der Lebenden zurückkehren, aber nur unter einer Bedingung: Fahr über den Fluss und schau sie erst an, wenn ihr die Welt der Toten verlassen habt.«

»Schau immer nach vorn, nie zurück«, beharrte Persephone mit ihrer lieblichen Stimme.

Apollo mit der Lyra, die Hermes ihm schenkte.
Orpheus war der erste Sterbliche, der
dieses Instrument spielte.

Wir machten uns schon für die Rückfahrt bereit, als ich einen kleinen, weißen und hüpfenden Umriss am Ufer des Flusses entdeckte.

»Samba! Das glaub ich nicht! Bitte, großer Hades, darf ich mein Katerchen mit nach Hause nehmen?«

»Der Befehl gilt auch für den Kater. Wenn ihr ihn anschaut, bevor ihr mein Reich verlassen habt, muss er für immer hierbleiben.«

Ganz schnell setzte sich Orpheus an den Bug des Bootes und ließ Eurydike am Heck liegen, und ich steckte Samba in meine Brusttasche. Dann machte ich sorgfältig den Reißverschluss zu, damit er nicht herauskonnte, solange wir noch im Reich der Toten waren.

Wir ruderten und ruderten, es herrschte Grabesstille, bis das Boot das andere Ufer erreichte.

»Ich kann es kaum erwarten, diesen fürchterlichen Ort zu verlassen!«, murmelte ich Bruno zu.

»Ich auch! Hier ist wirklich das Ende der Welt!«, antwortete er.

»Ob dieser Hund mit den drei Köpfen wieder da sein wird?«, überlegte ich.

Kaum hatten wir von dem Ungeheuer geredet, schon hörten wir sein wütendes Gebell. Als er das Boot zurückkommen sah, riss sich Zerberus von der Leine los und lauerte uns am Ufer auf, wütender als je zuvor. Diesmal konnte ich nichts aus meiner Tasche holen, um damit nach ihm zu werfen.

Übrigens war meine größte Angst, dass Zerberus den Kater riechen und uns mit seinen drei Köpfen auffressen würde! Wir wussten nicht, was wir tun sollten, und rührten uns nicht von der Stelle. Orpheus war genauso nervös wie wir und hatte keinen Einfall,

ΑΔΗΣ

Gott Hades

Gott aller Toten.
Lebt am anderen Ufer des Flusses Styx.
Er ist hartherzig, aber sehr verliebt in Persephone.
Dieser Gott ist nicht bösartig, nur kalt und sehr still.
Seine Arbeit ist die schlimmste der Welt: Er muss nein zum Leben sagen.

um uns aus dieser Lage zu befreien. Plötzlich hörten wir eine Frauenstimme, die vorschlug: »Wirf deine Lyra, Orpheus. Wirf mit der Lyra nach Zerberus!«

Orpheus gehorchte, und Zerberus schnüffelte an der Lyra. Die drei Köpfe fingen an, sich darum zu streiten, und wir konnten aus dem Boot springen. Unterdessen erinnerte sich Orpheus, dass die Stimme, die wir gehört hatten, seiner geliebten Eurydike gehörte. Prompt vergaß er Hades' Befehl, und statt mit uns loszurennen, drehte er sich um: »Meine Liebste! Wie gut, dass du zurückgekehrt bist!«

»Nein! Das hättest du nicht tun dürfen!«, schrie Eurydike verzweifelt.

Als Orpheus seinen Fehler begriff, entfernte sich der Fährmann Charon bereits und nahm Eurydike für immer mit. Sosehr der Musiker auch schrie, weinte und bettelte, es hatte keinen Zweck mehr. Seine Frau ging endgültig ins Reich der Toten.

Licht am Ende des Tunnels

Orpheus war der traurigste Mensch der Welt. Es war schrecklich, seine Verzweiflung mit anzusehen. Wir mussten den großen Musiker so schnell wie möglich aus diesem finsteren Loch fortbringen. In wenigen Minuten hätte Zerberus die Lyra endgültig zerstört und würde uns wieder bedrohen. Orpheus wollte sich jedoch nicht von der Stelle rühren. Lieber wollte er im Reich der Toten bleiben, mit Eurydike, als ohne sie in unsere Welt zurückzukehren. Glücklicherweise kamen Tiresias und Helena uns zu Hilfe. Helena ging mit ihrer fürsorglichen Art auf Orpheus zu.

»Komm, Orpheus, deine Stunde hat noch nicht geschlagen. Komm mit uns, bitte!«

Doch Orpheus rührte sich nicht, und am Ende mussten Bruno und ich unseren Freund hinter uns herziehen, damit er diesen gruseligen Ort verließ. Dann stiegen wir ganz langsam höher und schoben den Musiker den Hügel hinauf. Der Weg war schmal und rutschig, und wir mussten ziemlich weit gehen, bis wir endlich Licht am Ende des Tunnels erblickten. Wir kamen durch eine Felsenhöhle und atmeten erleichtert auf, als wir endlich wieder die Welt der Lebenden betraten.

Tiresias entfernte sich schweigend und setzte sich nachdenklich unter einen Baum. Um Orpheus, der immer noch sehr traurig war, ein wenig aufzuheitern, erzählte Helena ihm von unseren Abenteuern. Bruno zog mich unterdessen zum Strand, hielt meine Hand und sagte plötzlich: «Pina, wusstest du, dass du der mutigste Mensch bist, den ich kenne? Auf die Idee, in die Welt der Toten hinabzusteigen, konntest wirklich nur du kommen!«

»Und du bist der beste Freund der Welt, Bruno! Danke, dass du mit mir an dieses Ende der Welt gekommen bist!«

»Ich glaube, ich bin viel mehr als nur dein Freund.«

Dann zog Bruno mich auf eine ganz seltsame Art zu sich, kam mit seinem Gesicht ganz nah an mich heran und … in diesem Augenblick wurden wir durch ein wohlbekanntes Miauen unterbrochen.

»Das ist Samba«, rief ich.

Ich zog gleich den Reißverschluss der Tasche auf und sah meinen Kater herausspringen. Er war quicklebendig. Ich küsste Samba und streichelte sein weiches Fell. Dann setzte ich ihn auf den Boden und bat ihn sehr ernst: »Tu mir den Gefallen und stirb nie wieder! Abgemacht?«

Die Rückkehr

Helena und Tiresias kamen herbeigerannt, um Samba zu kraulen. Sie konnten kaum glauben, dass er am Leben war.

»Ich glaube, er ist zurückgekommen, weil er das Ambrosia der Götter gegessen hat und jetzt ein unsterblicher Kater ist«, meinte Helena.

»Bestimmt ist Samba gar nicht gestorben, sondern mit einer Aufzugwolke wie der, auf die Zeus uns gestellt hat, zum Hades hinabgefahren ist«, gab Bruno zu bedenken.

»Er ist zurückgekommen, weil ich alles gemacht habe, wie Hades es befohlen hat, glaubst du nicht, Tiresias?«

»Ich glaube, seine Zeit war noch nicht gekommen«, antwortete Tiresias.

Was zählte, war, dass mein kleiner Kater mit mir nach Hause kommen würde, und darüber freuten wir uns alle sehr. Aber nach dem ganzen Durcheinander waren wir ziemlich müde. Es war Zeit, aufzubrechen.

Bruno, Samba und ich gingen mit Helena nach Hause und verabschiedeten uns von unseren Freunden. Wir kamen schon jetzt beinahe um vor Sehnsucht nach ihnen.

»Vielen Dank für deine Hilfe, Helena. Du bist eine echte Freundin.«

»Du kannst immer auf mich zählen, Pina. Das heißt, fast immer. Nie wieder Hades!«

»Genieß dein Leben, Pina«, sagte Tiresias und umarmte mich ganz fest.

»Keine Sorge, ich werde mein Leben die ganze Zeit genießen! Bis zum nächsten Mal!«

»Es war toll, euch kennenzulernen. Bis bald!«, sagte Bruno.

Schließlich setzten wir uns in die Hängematte und drehten uns, drehten uns ohne Unterlass, bis wir wieder in meinem Zimmer ankamen. Wir blieben noch eine Zeit lang still sitzen, und ich dachte daran, was wir alles erlebt hatten. Es wäre so toll, wenn ich weiter mit Bruno und Samba durch die Welt reisen könnte! Was für großartige Kameraden! Was für tolle Freunde! Und im Übrigen war Bruno vielleicht tatsächlich mehr als nur ein guter Freund.

Plötzlich kam er wieder mit seinem Gesicht ganz nah zu mir, strich mir mit der Hand über die Haare und … genau da kam meine Mutter ins Zimmer.

Reisen, Reisen und noch mehr Reisen

Meine Mutter machte die Vorhänge auf, begann unser Durcheinander aufzuräumen und stellte tausend Fragen: »Wo wart ihr die ganze Zeit? Ich habe so oft nach euch gerufen …«

»Wir haben ein paar Geschichten über Griechenland gelesen«, schwindelte ich.

»Und ich wollte gerade mit MEINEM Kater nach Hause gehen«, sagte Bruno und kraulte Samba, um mir zu helfen.

Da nahm meine Mutter meinen kleinen Kater zum ersten Mal auf den Arm, streichelte über sein weiches Fell und fragte: »Hat er schon einen Namen, mein Kind?«

»Ja, Mama. Er heißt Samba.«

»Weißt du was, Pina? Wenn Samba sich nicht daran stört, in einer unordentlichen Wohnung voller Bücher zu leben, kann er bei uns bleiben.«

»Samba wird sehr gerne hier wohnen! Danke, Mama!«

Ich umarmte meine Mutter, und Samba miaute. Wir waren wirklich sehr glücklich über diese Entscheidung. Meine Mutter konnte das nicht ahnen, doch Samba war schon an die unterschiedlichsten Orte der Welt gereist: vom Grund eines Brunnens bis zum Gipfel des Olymps. Danach war es ein Leichtes für ihn, sich an unser Labyrinth aus Büchern zu gewöhnen.

»Samba kennt keine Furcht. Er ist ganz versessen darauf, unbekannte Orte zu erkunden«, meinte Bruno.

»Und er hat überhaupt keine Angst vor Hunden, nicht einmal vor den allerschrecklichsten«, sagte ich.

»Und er rennt wie ein Athlet.«

»Er ist ein echter Held!«

Wir lobten den kleinen Samba so sehr, dass meine Mutter zu lächeln begann, obwohl sie immer noch ganz traurig war. Er war wirklich etwas ganz Besonderes, ein echter griechischer Held! Wie gut, dass er für immer bei uns bleiben würde …

Nachdem Samba als jüngstes Mitglied in unsere Familie aufgenommen worden war, lud ich meine Mutter ein, sich mit mir in die Hängematte im Wohnzimmer zu setzen und mir etwas über meinen Vater und seine Geheimnisse zu erzählen.

»Mama, ist mein Vater wirklich kein Gott auf dem Olymp oder so etwas? Wo wohnt er eigentlich? Gibt es ihn überhaupt?«

»Was für ein Gott auf dem Olymp, Pina? Was für eine komische Idee! Dein Vater ist aus Fleisch und Blut, ein Mensch wie wir. Aber er hat sich in den Kopf gesetzt, auf einem Schiff zu leben, und hat sich nie wieder gemeldet. Ich hoffe nur, dass es ihm gutgeht und dass er eines Tages wiederkommt, um zu erzählen, wo er all die Jahre gesteckt hat.«

»Weiß er überhaupt, dass es mich gibt?«

»Er ist fortgefahren, bevor ich ihm sagen konnte, dass ich schwanger bin.«

»Also hat er mir deshalb nie geschrieben … Aber eines Tages werde ich herausfinden, wo sein Schiff vor Anker liegt, und hinfahren, um mit ihm zu sprechen. Glaubst du, dass mein Vater mich mögen wird, Mama?«

»Er wird dich lieben, mein Kind. Ich wette, er wird sehr stolz auf dich sein.«

»Glaubst du?«

»Da bin ich ganz sicher!«

Dann umarmte mich meine Mutter ganz fest, und diesmal konnte ich meine Tränen nicht zurückhalten. Jetzt haben wir wirklich nur noch uns beide, und natürlich Samba. In diesem Augenblick kam Bruno ins Wohnzimmer und unterbrach unser Gespräch, um uns eine wichtige Mitteilung zu machen: »Dein Kater ist völlig ausgehungert, Pina. Sein Magen knurrt die ganze Zeit. Bestimmt frisst er gleich einen Strumpf oder so etwas.«

»Haben wir Fisch im Kühlschrank?«, fragte ich meine Mutter.

»Ja, Fisch und Milch. Nehmt euch, was ihr braucht.«

Wir fanden einen tiefgekühlten Fisch und füllten ein Schälchen mit Milch, doch als wir zurück in mein Zimmer kamen, war Samba verschwunden.

»Ich wette, er ist in die Zauberhängematte gehüpft!«, sagte Bruno.

»Und jetzt? Wohin es ihn wohl diesmal verschlagen hat?«

»Wie wär's, wenn wir einfach nach ihm suchen?«

Bruno und ich lächelten uns an, und wir mussten gar nichts mehr sagen. Wir sprangen in die Hängematte, bereit für das nächste Abenteuer. Die Welt schien jetzt viel größer zu sein, und unsere Reiselust ebenso. Also schubsten wir die Hängematte kräftig an, und gleich begannen wir, uns unaufhörlich zu drehen. Wir wollten alles genießen, ganz gründlich, für immer.

Liebe Pina,

wir vermissen Euch schon und träumen von neuen Abenteuern. Heute sind Tiresias und ich hinausgefahren, um Sardinen zu fischen, und dann haben wir eine Vogelpfeife am Boden des Bootes gefunden, stell dir vor!

Das kann nur Deine sein! Sie muss dir zwischen zwei Wellen aus der Tasche gefallen sein. Aber wir heben sie gut auf bis Ihr wiederkommt, einverstanden?

Tausend Küsse,

Helena und Tiresias

Pina Buriti

Straße ohne Ende Nr. 1

Wohnung unter Bruno

Rio de Janeiro, die wunderbare Stadt

Brasilien

Ios, Grécia

Wie ich meine griechischen Freunde vermisse!

Rom
Adria
ITALIEN
Tyrrhenisches Meer
MAZEDONIEN
ALBANIEN
Olymp
GRIECHENLAND
Ionisches Meer
Ath
Sizilien
My
MALTA
Mitt
V
LIBYEN

IEN
Schwarzes Meer
Istanbul
TÜRKEI
Naxos
Ios
Kos
torini
Rhodos
Karpathos
a
SYRIEN
ZYPERN
meer
LIBANON
ISRAEL
Jerusalem
Totes Meer
Alexandria
JORDANIEN
ÄGYPTEN
Nil
Rotes Meer

Nützliche Redewendungen auf Griechisch:

Guten Tag	Kalimera
Guten Abend	Kalispera
Gute Nacht	Kalinihxta
Hallo/Tschüs	Yassas
Wie geht's?	Tikanis
Gut	Kala
Wie heißt du?	Pos se le'ne?
Freut mich, dich kennenzulernnen	He'ro poli'
Danke	Ef-raristó
Entschuldigung	Signomi
Bis bald	Andio
Ja	Ne
Nein	O-hi
Hilfe!	Voitia!
Verschwinde!	Fiye!

Das hat Tiresias mir geschickt!

Apollo beim Tanz mit den Musen, von Francesco Bartolozzi (1725–1815)

Die neun Musen des Olymps beflügeln
die Phantasie von Schriftstellern,
Künstlern und Wissenschaftlern.

Eintrittskarte für das
Akropolis-Museum in Athen

Mit

Pina

die Welt endecken!

Magst du Pina auch auf ihrer Reise
zum Amazonas begleiten?
Eine Leseprobe findest du auf den nächsten Seiten.

Ein Meer voller Hängematten

Noch nie hatte ich so ein Schiff gesehen: Drei Ebenen voller bunter Hängematten, dicht an dicht. Darin lagen Leute aus Brasilien und aus der ganzen Welt. Einige schliefen, andere spielten Domino, aßen Obst oder unterhielten sich. Plötzlich hörte ich ein sehr vertrautes Miauen und sah Samba in einer roten Hängematte sitzen. Er hatte das Schnäuzchen in ein Schälchen gesteckt und saß auf dem Schoß eines braungebrannten Mädchens.

»Samba! Was frisst du da schon wieder, du alter Vielfraß?! Komm her, aber schnell!«

Katzen sind jedoch sehr eigensinnige Wesen, und Samba leckte sich unbekümmert das Schnäuzchen, das ganz lila verfärbt war. Das Mädchen lächelte uns an und fragte: »Ist das euer Kater? Er mag Açaí-Kompott! Das ganze Schälchen hat er aufgegessen.«

O DIÁRIO DE

»Entschuldigung! Es ist … er hatte bestimmt Hunger«, versuchte ich zu erklären, ein bisschen peinlich berührt.

»Pinas Kater ist immer unersättlich, er hat einen richtigen Löwenmagen«, frotzelte Bruno.

»Wenn das Schiff anhält, hol ich dir ein neues Schälchen Açaí. Ich bin übrigens Pina. Und du?«

»Ich bin Maiara. Aber das ist gar nicht nötig, Pina. Das Schiff hält sowieso erst morgen wieder.«

»Morgen? Du machst Scherze, oder? Was für ein langsames Schiff ist das denn?«

»Wir sind schon den ganzen Rio Negro heruntergefahren, an Manaus vorbei, und jetzt kommen wir zum Zusammentreffen der Flüsse, seht nur dort!«

»Zusammentreffen der Flüsse?«

Bruno und ich schauten uns fragend an. Wir hatten keine Ahnung, wovon sie redete.

»Habt ihr noch nie vom Zusammenfluss des Rio Negro und des Rio Solimões gehört? Wenn sie zusammenkommen, bilden sie unseren größten Fluss, den Amazonas«, erklärte Maiara.

»Amazonas? Wir fahren auf dem Amazonas?! Dem größten Fluss der Welt? Unglaublich!«, rief ich begeistert.

»Ich weiß nicht, ob es der größte ist, aber es ist

mit Sicherheit der wasserreichste«, erklärte Bruno in seiner sachlichen Art.

Neugierig rannten wir zum Bug, um diesen riesigen Fluss anzuschauen. Direkt vor uns lag ein zweifarbiger Fluss, bestehend aus einem Strom von dunklem Wasser und einem zweiten von milchigbrauner Farbe. Wie wunderschön! Ich schaute gleich auf meinem Miniglobus nach, wo wir genau waren.

»Wie schade, dass Manaus schon hinter uns liegt. Ich würde so gern die Hauptstadt des Amazonas kennenlernen.«

»Du willst am liebsten alles kennenlernen, stimmt's, Pina?«, fragte unsere neue Freundin lachend.

»Und ob. Ich träume davon, die ganze Welt kennenzulernen: Land für Land, Stadt für Stadt.«

»Das nennt man geographischen Heißhunger!«, improvisierte Bruno.

Mein Freund hatte recht, doch was konnte ich schon gegen diese unendliche Neugierde tun? Ich wollte wirklich jeden Fleck auf der Landkarte kennenlernen, all die unterschiedlichen Speisen und Lebensweisen. Bruno unterbrach meine Gedanken, indem er neugierig auf das Wasser deutete: »Findest du es nicht komisch, Pina? Warum sich wohl der dunkle und der milchkaffeebraune Fluss nicht mischen?«

Zusammentreffen
der Flüsse

»Wahrscheinlich sind sie wie Wasser und Öl, ganz verschieden.«

»Der dunklere ist der Rio Negro, und der milchkaffeebraune der Rio Solimões«, erklärte Maiara.

Das Mädchen schien alles über das Leben hier im Amazonas zu wissen, und weil mein Kopf vor lauter Fragen beinahe überlief, platzte ich heraus: »Woher weißt du das alles? Wohnst du hier in der Nähe? Woher kommst du? Und wo fährst du hin?«

»Ich wohne in Novo Airão, den Rio Negro flussaufwärts, aber ich wollte unbedingt sehen, wo der Fluss zu Ende ist.«

»So was Dummes – jeder Fluss endet im Meer!«, antwortete Bruno, wie immer sehr logisch.

»Aber wie ist dieses Meer?«, wollte Maiara wissen.

Da begriffen wir, dass sie noch nie das Meer gesehen hatte, und fingen an zu erzählen:

»Es ist salzig.«

»Es ist grün.«

»Es ist blau.«

»Es hat riesige Wellen mit schneeweißem Schaum.«

»Salzig mit weißem Schaum? Das muss ich unbedingt sehen!«, sagte Maiara freudestrahlend.

Genau wie sie das Meer kennenlernen wollte, musste ich dringend mehr über Flüsse erfahren. Ich

schaute mich um und stellte fest, dass der Amazonas so etwas wie eine Hauptverkehrsstraße war, auf der Schiffe, Menschen, Güter, Fische und Geschichten unterwegs waren. An seinen Ufern konnten wir bunte Holzhäuser sehen, manche schwebten auf Pfählen über dem Wasser, andere schwammen auf Holzstämmen, wie am Ufer befestigte Floße. Vor uns glitten Ruderboote, Motorboote und Baumstämme vorbei; und sogar Erdschollen, die sich vom Ufer gelöst hatten.

In der prallen Sonne wurde es bald schrecklich heiß. Es waren etwa vierzig Grad, und es wehte nicht das kleinste Lüftchen. Ich flüchtete aus der Sonne in den Schatten, doch selbst dort lief mir der Schweiß in Strömen.

»Ich glaube, die Strömung ist zu stark, um im Fluss zu schwimmen, oder?«, fragte ich, weil ich mich unbedingt ein bisschen abkühlen wollte.

»Wie wär's mit einer kühlen Dusche?«, schlug Maiara vor und zeigte zum Heck.

Da entdeckten wir drei Duschen. Ich holte gleich meinen Bikini aus meiner Supertasche, Bruno zog sein T-Shirt aus, und wir duschten unter freiem Himmel. Gleich darauf kam Bruno mit einer neuen Erfindung an: »Aufgepasst! Ihr erlebt gerade einen historischen Augenblick: Gleich werdet ihr den ersten Taschenhelikopter der Welt sehen. Ist das nicht unglaublich?«

»Sieht aus wie der alte Regenschirm meines Großvaters, der irgendwann verschwunden war«, meinte ich.

Aus:

Flávia Lins e Silva
Pina reist zum Amazonas
Aus dem brasilianischen Portugiesisch
von Claudia Stein
Mit farbigen Bildern von Joana Penna
Die brasilianische Originalausgabe erschien 2011
unter dem Titel ›Diário de Pilar na Amazônia‹ bei
Jorge Zahar Editor Ltd., Rio de Janeiro

ISBN 978-3-596 85597-1